欠发达地区
乡村振兴
战略研究

QIAN FA DA DI QU
XIANG CUN ZHEN XING
ZHAN LUE YAN JIU

陈灿平 ◎ 著

中国经济出版社
CHINA ECONOMIC PUBLISHING HOUSE
· 北京 ·

图书在版编目（CIP）数据

欠发达地区乡村振兴战略研究／陈灿平著．--北京：中国经济出版社，2024.5

ISBN 978-7-5136-7780-6

Ⅰ.①欠… Ⅱ.①陈… Ⅲ.①不发达地区-农村-社会主义建设-研究-中国 Ⅳ.①F327

中国国家版本馆 CIP 数据核字（2024）第 105576 号

责任编辑　王　帅
责任印制　李　伟

出版发行　中国经济出版社
印 刷 者　北京建宏印刷有限公司
经 销 者　各地新华书店
开　　本　710mm×1000mm　1/16
印　　张　16
字　　数　205 千字
版　　次　2024 年 5 月第 1 版
印　　次　2024 年 5 月第 1 次
定　　价　88.00 元
广告经营许可证　京西工商广字第 8179 号

中国经济出版社　**网址** http://epc.sinopec.com/epc/　**社址** 北京市东城区安定门外大街 58 号　**邮编** 100011
本版图书如存在印装质量问题，请与本社销售中心联系调换（联系电话：010-57512564）

目录 Contents

第1篇 绪论

第2篇　欠发达地区民族地区现状

第3篇 乡村振兴长效机制设定

第 1 篇

绪论

1　研究背景与研究意义

1.1　研究背景

“三农”问题是中国社会中一个重要的议题，与国计民生关系密切。近年来，尤其是党的十八大以后，中国的农业和农村发展取得了较大的成就，为解决“三农”问题提供了有价值的经验和基础。党的十九大提出了乡村振兴战略，其中解决“三农”问题被视为全党工作的关键。乡村振兴战略的实施需要建设高素质专业化的干部队伍，以及鼓励引导人才向边疆民族地区和基层一线流动。中央农村工作会议强调了农业、农村和农民的重要性。农业强不强、农村美不美、农民富不富，决定着亿万农民的获得感和幸福感，决定着我国全面建成小康社会的成色和社会主义现代化的质量。实施乡村振兴战略是解决人民日益增长的美好生活需要和不平衡不充分的发展之间的矛盾的必然要求，是实现“两个一百年”奋斗目标的必然要求，是实现全体人民共同富裕的必然要求。

《中共中央　国务院关于实施乡村振兴战略的意见》是指导“三农”工作的中央一号文件，其中明确指出了乡村振兴战略的重大意义和总体要求、重点任务、制度建设和保障措施，以及坚持和完善党对“三农”工作的领导等。政治局第八次集体学习时强调了把握乡村振兴战略的总体目标、原则和要求，建立健全的制度保障。《乡村振兴战略规划（2018—2022 年）》明确了当前时期乡村振兴的具体任务，特别是在民族地区。民族地区的乡村振兴工作，需要加强基层政权建设、完善交通物流设施、优先发展农村教育、鼓励人才参与农村建设等。乡村振兴战略是新时代“三农”工作的总体框架，继承了过去“三农”领域丰富的理论成果和实践经验，同时受到中央一号文件的长期关注。中共中央在 1982 年至 1986 年连续 5 年发布以农业、农村和农民为主题的中央一号文件，对农村改革和农业发展作出具体部署，总结分析初期出现的问题，规划下一阶段的方针政策。自 2006 年起，中央一号文件将“三农”工作置于我国社会主义现代化事业的核心位置，并连续 15 年出台文件为解决民族地区的“三农”问题提供指导。文件中多次提出了保护传统村落、发展旅游村镇、加大边疆民族地区农田水利建设、解决民族群体安全饮水问题、提高民族地区扶贫开发水平、完善国家扶贫战略和政策体系、向民族地区倾斜的教育政策以及提高新农村建设水平等重点任务。这些措施也被写入乡村振兴战略的意见中，深化民族团结进步教育、促进少数民族文化传承发展、保护传统村落和民族村寨以及实施边疆民族地区人才支持计划等，都是实现乡村振兴战略在民族地区的具体举措。

乡村振兴战略是党的十九大作出的重大决策部署之一，是决胜全面建成小康社会、全面建设社会主义现代化国家的重大历史任务之一，是新时代“三农”工作的总抓手。本研究基于党的十九大提出的乡村振兴战略，针对欠发达地区民族地区如何实现长期稳定的发展进行相关研究，旨在构建民族地区乡村振兴的长效发展机制，以实现 2020 年全面建成小康社会后可持续发展的愿景。

1.2 研究意义

乡村振兴战略是解决中国农村发展问题的重要战略，其重要性在于，许多国家都面临着乡村衰退的问题，如英国“圈地运动”和拉美“过度城市化”。乡村振兴战略是中国解决城乡差距、实现城乡统筹和农业可持续发展的重要探索。从“新农村建设”到“美丽乡村建设”，反映了农村发展的不断探索和完善。解决农村衰退问题需要关注农村建设，明确发展目标，保持生态可持续性。坚持农业农村优先发展的乡村振兴战略是解决民族地区农村产业发展滞后、乡村传统文化衰落、乡村社会治理隐患存在、农村生态环境问题堪忧等乡村衰落现象的必要措施。同时，乡村振兴战略注重深化民族团结进步教育、促进少数民族文化传承发展、保护传统村落和民族村寨以及实施边疆民族地区人才支持计划等措施。

乡村振兴战略是当前农村发展的重要目标，其中摆脱贫困是实现乡村振兴的前提条件。在实施乡村振兴战略中，打好脱贫攻坚战是民族地区的优先任务。借鉴精准扶贫经验着力推进乡村振兴，总体上取得了显著成就。在民族地区的乡村振兴实践中，探索出了教育扶贫和乡村旅游扶贫等切实可行的模式。相对于摆脱贫困的紧迫要求，“产业兴旺、生态宜居、乡风文明、治理有效、生活富裕”的二十字方针指导着民族地区农村的长远发展。

“十三五”时期是中国全面建成小康社会、实现第一个百年奋斗目标的决胜阶段，也是打赢脱贫攻坚战的决胜阶段。国务院印发的《“十三五”脱贫攻坚规划》指出，从贫困现状看，截至 2015 年底，我国多数西部省份的贫困发生率在 10% 以上。遵照习近平总书记在党的十九大报告中所指出的，践行新发展理念，全面推进乡村振兴战略，助力欠发达地区民族地区脱贫势在必行。因此，欠发达地区如何在精准扶贫政策和乡村振兴战略协同下，解决区域性整体贫困问题，制定长效发展机制，从而实现欠发达地区民族地区长期稳定的可持续发展，是我们所要研究的重点。其学术价值和应用价值具体体现在以下三个方面。

第一，通过精准扶贫机制研究，有助于深化欠发达地区民族地区内部贫困状况和脱贫机制的特性分析，将民族地区整体推进与精准扶贫相结合，提升扶贫效能，改善民族地区反贫困政策绩效。

第二，通过对欠发达地区民族地区乡村特征和贫困特性的研究，挖掘适合民族地区自身发展的最优路径，立足于打基础、谋长远，确保民族地区实现内生动力脱贫和绿色脱贫。

第三，通过构建乡村振兴的长效发展机制，保障欠发达地区民族地区的可持续发展，为民族地区进一步更好更快发展提供科学决策依据，也能够为同类研究提供数据参照。

2 研究现状综述

2.1 贫困问题研究

2.1.1 贫困概念及贫困线的研究

1. 国外关于贫困概念及贫困线的研究

贫困在不同的国家定义不同，国外学者从以下三个角度定义贫困：第一，从缺乏物质条件及个体收入无法支撑基本生活来评判贫困。英国学者朗特里（1899）从该角度出发定义贫困，即评判一个家庭是否贫困取决于该家庭成员的总收入是否能够维持家庭中所有成员最基础的生存标准（樊怀玉，2002）。第二，从个体自身能力出发评判是否贫困。“自身能力贫困”一词来源于由森（Sen，1983）的理论，是指贫困的根本原因是能力匮乏，由一系列功能构成的能力丧失是贫困的表现。第三，世界银行对贫困的定义还包括人在面临外部冲击时的脆弱性，包括缺少发言权与权利，以及遭受社会排斥等，而不仅仅是指收入低和个人能力发展不足。

一般情况下，贫困分为绝对贫困和相对贫困两种类型。绝对贫困是指收入不能够维持最基础的生存标准，而相对贫困，顾名思义，是在不同国家、不同地区、不同标准下进行比较的一个概念。起初，布思用

“穷人的线”即贫困线评判是否贫困，后来朗特里首次在文章中正式引用“穷人的线”这一名词，并完善了该名词所代表的含义（王荣党，2017）。1985 年，世界银行在比较并统计数据时发现，基于当年的购买力平价美元作为衡量标准，发展中国家内的个人若其日均收入低于 1 美元，则被视为处于绝对贫困线之下。两年后，世界银行对绝对贫困线有了更深层的理解，即“不能满足衣食住等人类生活基本需要的最低收入水平”。随着时代的变迁，2008 年世界银行将贫困线更新为每人每天 1.25 美元，2015 年进一步更新为每人每天 1.9 美元。而雷诺兹（1986）认为绝对贫困是指“能够使一个家庭勉强过着最低水平生活”（向德平、黄承伟，2016）。在欧盟国家，贫困线又有着不一样的含义，拉法尔·卡普林斯基在其著作中指出，在任何一个国家，如果一个人的收入低于该国平均工资的一半，就可以被认为是贫困的。而在美国，绝对贫困线是基于莫利·奥尔尚斯基在 1963 年确定的日常生活所需最低营养开销。相对贫困线的界定在国外有三种代表性观点：鲁德斯认为相对贫困标准要明确的是相对中等社会生活水平而言的贫困；Alcock 认为相对贫困是指年收入相对低于全国全部家庭平均收入的情况；基尔帕特里克等人则认为相对贫困线应当被看作生活水平和整体贫困比较标准的基准线，相对贫困线会随着平均生活水平的提高而提高。

2. 国内贫困概念及划分标准研究

国内在判定贫困时与国外的判定标准十分相似。1990 年，国家统计局在界定贫困的概念时提出，贫困是生活水平低于社会最低标准的家庭所面临的一种困难，主要表现在物质上的匮乏。有学者将贫困定义为生活状态下无法适应社会环境和缺乏物质，从而导致肉体和精神上的困难。康晓光（2012）则将贫困定义为一种状态，即贫困人群无法维持个人生理和社会所能接受的生活水平，是由于缺乏合法的物质条件和社会参与机会。吴国宝（2021）将贫困分为两种类型：一种是制约资源条件型，也称为宏观上的区域型贫困；另一种是约束能力型，通常以个体贫困的形式出现。胡鞍钢（2009）认为，贫困应按逐次递进的层次来划分为收入贫困、人类贫困、知识贫困和生态贫困。另有部分学者认为，贫困可分为生产性贫困与社会性贫困、历史性贫困与地域性贫困、物质性贫困与文化性贫困、单一性贫困与社会性贫困、群体性贫困与个体性贫困、世袭性贫困与浮动式贫困、大众贫困与乡村贫困。康晓光（1995）提出，贫困还可以分为阶级贫困、制度性贫困和地区贫困。在研究如何定义贫困线方面，有学者使用了12种方法，包括收入分配的定义、平均收入、卡路里支出、商品相对稀缺、基本需求、基本商品排除、恩格尔系数、总支出与总收入比、数学建模、贫困指数编制、主观最低消费定义和主观最低收入定义。在中国，贫困线主要由国家统计局和国务院扶贫办确定。1985年，确定了两条贫困线：一条是食物贫困线，是将每个人每天需要的2100大卡热量的营养标准乘以相应的价格并相加；另一条是非食物贫困线，但因其计算方法存在许多瑕疵并不能正式使用，于是为了能够更加真实地表现出贫困的现状并方便与国际贫困标准进行对比，国家统计局和国务院扶贫办采用了世界银行衡量贫困线的方法并计算出了1998年中国贫困线为880元（张全红、张建华，2010）。此后，根据这一方法又计算出2000年贫困线为625元，2008年贫困线为1197元，2013年贫困线为2300元。

2.1.2 贫困原因的研究

学术界在研究贫困如何产生时将原因分为三类：微观原因、中观原因和宏观原因。从个体本身出发探究为何贫困的称为微观贫困。关于微观贫困有几种代表性的观点：一是贫困文化导致的贫困。美国学者刘易斯认为贫困文化是存在于世界各地的现象。他指出，穷人特有文化是一种生活方式，是穷人对于边缘地位的适应或反应。这种文化在穷人之间得到了广泛传播。由于穷人所处的环境和条件与主流文化有所不同，穷人特有文化就在这种背景下形成了。穷人形成贫困文化后往往导致惰性依赖和特有的思维方式与行为方式。二是缺乏资产也是一种持续产生贫穷的机制。穷人的金融支持只来自就业、家庭和政府福利，没有资产就无法产生基于资产的长期生活保障，也就无法形成可支持长期生活的以资产为基础的福利效应。相较于收入分配，资产分配的不平等更加严重，并形成了持续拉大贫富差距的社会趋势。不仅如此，谢若登还提出"资产可以是一个非常宽泛的概念，包括有形的和无形的，而有形资产（包括货币储蓄和金融债券等）可以使社会政策发挥最好效用，无形资产包括个人信用、人力资本、文化资本、社会关系网络、政治资本等"。从其观点中可以看出是资产不足导致了贫困，而人类的生活处处离不开资产。三是缺乏能力的贫困。该理论的代表人物印度学者阿马蒂亚·森提出，贫困不仅表现为收入不足还表现为基本没有立足能力。

随着学者对贫困问题的深入研究，发现贫困不仅有贫困个体自身的原因，还有社会、自然、市场层面的原因。贫困个体自身的改变无法突破这些原因的限制，改变自身就能脱离贫困的理论依据基于这些原因已经远远不够。因此，这些原因被归属为中观原因。通过自身的力量无法改变贫困现状，这对于贫困群体来说是无奈的。对中观原因的研究有几种典型的观点：一是国家政策带来的贫困。迈克尔·谢若登认为，发达国家的福利政策不仅没有使贫困问题得到有效缓解，反而加剧了不平等状况，成了导致贫困问题的一个重要因素。其中最典型的例子就是西方发达国家的福利政策导致了贫困。二是劳动力市场被分割导致了贫困。一个人进入哪个阶层的劳动力市场就决定了这个人将成为富人还是穷人，进入主要劳动力市场的人在工作条件和环境方面均占据着优势，报酬也更加可观，最终一跃成为社会中的富人；而进入次要劳动力市场的人得不到好的工作环境，享受不到好的资源，提升空间有限，获得的报酬也不如主要劳动力市场的人多，长此以往，与主要劳动力市场的人的收入差距越来越大，最终只能成为社会中的穷人。中国学者在研究中发现，不仅西方发达国家存在劳动力市场分割，我国也存在劳动力市场分割，我国劳动者能进入哪一阶层的劳动力市场主要取决于劳动者的受教育程度，若受教育程度高，收入也相对更高。三是人力资本投入不足。舒尔茨认为，人力资本的质量对经济发展起重要作用，而人力资本的投资回报率高于物质资本的投资回报率。因此，为了摆脱贫困，需要加强教育以加大对人力资本的投资力度，这是从根本上消除贫困和打破贫困代际传递的唯一途径。四是社会分层导致了贫困。社会资源、权利的分配不均及占有的不平等导致社会分层现象的产生，正因如此，不同群体的活动范围和发展机会都各不相同，于是贫困这一现象的出现是不可避免的。沃纳等将美国社会分为六个阶层：世代相传的富人组成了上上层；高级白领（教授、医生、律师、作为管理者的经理等）组成了上中层；暴发户组成了上下层；蓝领（技术型体力劳动者）组成了下上层；普通白领（职员、秘书、小店主）组成了下中层；纯体力劳动者和靠社会救济的人组成了下下层。现在中国社会确实存在一大批经济地位较低的社会成员，正是这些社会成员的存在使得中国的社会结构发生了深刻变化。不论国内外学者如何研究社会分层，最底层阶级都是贫困群体。社会分层的固化阻碍了贫困群体向非贫困群体流动的可能性，被视为导致贫困的一个重要因素。五是不平等导致了贫困。《亚洲的戏剧——南亚国家贫困问题研究》的作者冈纳·缪尔达尔在该书中提到贫困和不平等之间存在因果关系。教育和土地所有权的垄断是不平等的根源，特别是在贫困国家。等级偏见导致了部分学生选择辍学、多次留级，甚至无法完成小学学业，同时在追求更高层次教育的过程中，这些偏见也阻碍了学生通过考试的机会。六是知识的匮乏所造成的贫困。人们没有机会获取和吸收知识，由此造成了知识贫困。

宏观原因已经不再局限于区域层面，甚至不拘泥于国家层面。宏观原因一是生存空间的匮乏。生存空间是人们在日常生活和工作中使用的地方。除了现实的生存空间，还存在潜在的生存空间。有学者曾提到是生存空间的不足导致了地区贫困。M. P. 托达罗在研究各国的经济发展时发现，经济发展较好的国家大多分布在温带地区，经济发展较差的国家大多分布在亚热带地区和热带地区。于是可以合理猜想该现象与气候必然存在联系。二是存在阶级剥削现象。马克思和恩格斯是这一理论的典型代表人物，他们认为剥削阶级和被剥削阶级间关系的实质就是贫困，正是资本和劳动的对立导致贫困现象的产生，只有改变政治制度，贫困才有可能被消除。

2.1.3 消除贫困的理论研究

在研究消除贫困的历史长河中，通过不同的角度、不同的方向、不同的分析方法得出的结论也不同。贫困在不同的科学中也有不同的定义，经济学上将其定义为资本与能力匮乏，社会学上将其定义为个体和结构之间的矛盾，政治学上则认为贫困是利益之间的差距。自由主义与福利主义之间的矛盾和西方马克思主义对生态危机的研究是争论中最突出和深入之处。

古典自由主义和新自由主义都属于自由主义。古典自由主义最早可以追溯到18—19世纪，代表人物有洛克、亚当·斯密、边沁、穆勒等。古典自由主义强调竞争自由，拒绝国家干预经济活动。洛克在研究如何解决贫困问题时，认为宽容可以成为解决贫困和宗教关系的新路线。他提出，人类经历了自然状态和政治社会两个阶段，在自然状态下仅靠个体之间救济活动存在许多不足之处，因此必须借助国家的权威及公信力进行公开救助（何永军，2007）。亚当·斯密在《国富论》中提到，农民并不拥有土地产权，只能依赖自己的劳动谋求生存，而工人并没有资本的累积，这正是农民和工人贫困的原因。马克思在古典自由主义的基础上认为，那些经济学家是宿命论者，他们寄希望于依靠经济发展，促进财富的整体增加，进而解决贫困问题。有些学者认为，弱势群体之所以贫困是因为他们是竞争中的失败者，存在竞争就必然存在成功者和失败者，这不可避免，因此贫困也不可避免。马尔萨斯认为，贫困的人社会地位较低，可能在资源获取上受到限制或剥夺。20 世纪 70 年代以来，新自由主义迅速发展，并成为主流经济学的重要组成部分，它包括奥地利学派、理性预期学派、芝加哥学派、新制度学派以及产权经济理论、公共选择理论、新增长经济理论等。弗里德曼是现代货币学派的典型代表人物，在他看来，市场竞争的存在能够激发高效率的工作，给予低收入公民的福利政策反而会产生消极的影响，不利于竞争自由和高效率的工作，但如果取消所有的社会福利政策和社会保障制度，某些低收入者不能维持正常生活水平，就容易导致社会的不和谐发展。因此，在保持竞争自由和高效率的同时要救济贫困，于是他提出实行负所得税政策，负所得税政策可以说是一箭三雕，既保护了竞争自由又维持了高效率，还缓解了贫困。供给学派的学者认为，通过降低税率，可以增加贫困者的收入，而这不会加剧贫富差距。因为减税会刺激人们储蓄，储蓄的增加又会进一步增加商品和劳务的供应，反过来又会引发新的税收，从而使得税收总量随着总产出的增加而增加。同时，供给学派的学者还认为，社会福利政策变相鼓励了不工作的人，打击了积极努力工作的人（柯卉兵，2006），社会福利并不能满足社会的总需求，旨在保障不能工作的或遇到不幸遭遇的人能够达到基本的生活水平，社会福利也不会超过工作得来的报酬，否则将扭曲社会福利制度的初衷（阮凤英，2004）。还有学者认为，“新自由主义并非发展中国家的治国良方”，因为这种主张太过强调个人自由，认为每个人都是理性的“经济人”，并追求个人利益的最大化。这种观点抬高了个人自由和尊严，将其凌驾于社会和国家之上，进而削弱了国家的权威性，这实际上是反对国家干预社会、干预个人。

社会福利政策的存在是为了能够缓解贫困的现状，因此福利主义的观点和自由主义的观点完全相反，它主要起源于西方社会，起源于资本主义制度。西方社会从政府开始就倡导高税收并且完善社会福利制度以提供高福利的政策，福利主义提倡的高税收和高福利制度换句话说就是“劫富济贫”，通过加强税收进行财富的二次分配，再用税收去满足弱势群体的基础生存需求。福利主义理论认为，国家和社会应该对个人的生存和发展负责，强调个人权利和社会责任，但忽视了每个人对国家和社会的责任。公平与效率之间存在矛盾，有些学者认为为了实现公平就必须牺牲效率。奥肯提出的“漏桶”原理就是追求公平而牺牲效率的例子之一，即让富人上交1美元的税款，但最后穷人手里拿到的补贴并不是1美元。高税率会导致税收总额减少，这验证了“拉弗曲线猜想”。也有学者提出，公平和效率在一定程度上是能够平衡融合的，并非完全对立，从社会政策来看，效率与公平能够在发展中产生，那么就可以通过救济援助弱势群体来缓解公平和效率之间存在的问题。从福利政策中的一个基本假设“收入即福利”出发来看待问题，可以发现贫困的实质是消费不足，于是解决贫困的方法就是让弱势群体的消费充足，但是弱势群体的消费不足正是因为收入不足，福利主义也只能维持贫困者最基本的生活标准，并不能支撑弱势群体的发展，于是政府的扶贫只是维持贫困者的生存，而不能让他们摆脱贫困。以收入为标准的福利转移，不可能让穷人真正变富（冯希莹，2009）。

经济学从资本和能力两个方向深入研究贫困。古典学派的代表人物亚当·斯密、配第、李嘉图等，最早探讨与资本有关的领域。亚当·斯密在他的著作《国富论》中强调，随着社会财富的增加，工人的贫困问题将变得更加严重。这是因为工人的工资太低了。因此，只有提高工人薪酬，改善他们的生活状况，这样才能解决贫困问题。兴起于20世纪50年代的发展经济学在对发展中国家的贫困问题进行研究后认为，应当发展战略贫困理论。该理论提出，经济发展缓慢、人均收入低是因为缺少资本。

纳克斯在 1953 年提出了“贫困恶性循环理论”，该理论涉及两个方面。第一，低收入会导致低储蓄能力，进而导致低资本形成、低生产率和低产出，最终导致低收入水平的恶性循环。第二，低收入也会导致低购买力，进而影响到投资的吸引力，从而阻碍资本形成，影响生产率的提升，最终使经济再次陷入低收入水平的恶性循环。纳尔逊在 1956 年提出了低水平均衡陷阱理论，该理论认为即使整体收入增加，但若一个国家的初始收入水平过低，其仍可能陷于低水平均衡陷阱的困境中。这是因为当人口增长速度快于财富增加的速度时，这种不均衡的增长模式将阻碍国家摆脱贫困状态，形成长期贫困的恶性循环。要解决发展中国家的贫困问题，必须通过经济发展来促进资本的形成和累积。莱宾斯坦的“临界最小努力”理论对纳尔逊的低水平均衡陷阱理论进行了补充。该理论认为必须保证足够高的投资率以使国民收入的增长超过人口增长，从而使人均收入水平得到明显提高，这个投资率水平就是“临界最小努力”。

瑞典学者冈纳·缪尔达尔提出了循环累积因果原理，因为其长期研究不发达国家的贫困问题，非常了解社会经济各要素之间存在的互相影响、互相制衡的关系，如果某一要素发生变数，与之相关的其他要素就会随之产生变化，变化的其他要素又会反过来加强原先变化的因素，于是会一直保持最初的经济发展，这样的发展难以均衡，这只是一种在不断循环往复的过程。

不发达国家因为收入水平低导致了贫困，要想彻底地缓解或解决贫困问题，就必须增加资本的积累和投入。上文中学者主要从资本的积累和投资的方向来探讨如何解决贫困问题。除了以上理论，还有几种比较有代表性的观点：一是舒尔茨提出的人力资本论，他认为物质的短缺并非国家经济贫困的原因，人力的缺乏才是根本原因。通过空间、能源、耕地无法提高贫困人口的福利水平，更重要的是改善人口质量。二是能力贫困，资本容易忽视人的主观能动性，将重点聚焦于政策之外。印度经济学家阿马蒂亚·森认为，资本侧重增值却忽视了对人类生活的关注，低收入造成的不仅仅是物质的匮乏，还有文化和教育的缺失。阿玛蒂亚·森从自由的角度出发，认为人们有权并且有理由去享受他们热爱的生活。他还认为，人们可以通过提升可行能力从而提高自身的生产力和收入，但是可行能力并非依靠收入产生。可行能力的范围很广，从免受饥寒、困苦、过早死亡到知识的获取和参政的自由。联合国基于阿马蒂亚·森对于贫困的定义设计了人类贫困指标，并引入了新的概念框架（马新文，2008）。经济学通过从资本和能力两个方面研究贫困问题，试图依靠提高收入、增加福利发展经济进而缓解贫困，具有明显的局限性。另外，贫困不只是个体的经济问题，从实质上来说它不仅包括个人的能力，也包括社会权利，这就是两者之间的不平衡现象。于是研究贫困，逐渐从经济学方向转到了社会学方向，也从个人方向转到了社会结构方向。

在研究贫困问题时，社会学首先考虑的是贫困的产生方式，从个人和结构两个角度进行分析。从个人角度看，贫困是因为个人将责任归咎于穷人自身，认为穷人应该为自己的境遇负责。从结构角度看，贫困是国家、社会、市场和居住环境等方面的因素导致的。社会学家从结构角度出发，研究了贫困成因理论、边缘化理论、社会排斥理论、社会冲突理论以及经济政治结构论等。这些理论强调社会结构和制度的不平等和不公平，以及政治和经济体系对穷人的影响，是研究贫困问题的重要视角。其中，贫困成因理论认为，造成贫困的主要因素是社会结构，因为各种社会结构被制度化固定，一直维持着贫困的状态。真正解决贫困问题需要从根本上改善社会结构，设计并实施一套全新的社会制度框架，以替代或缓解现有的导致贫困的社会结构要素，这是解决贫困问题的关键，同时是一个长期而艰难的过程（王雨林，2008）。马克思主义关于资本主义社会贫困成因的研究，认为资本制度是导致贫困的根本原因，资本家通过剥夺土地所有权和获取工人创造的剩余价值引发贫困。此外，资本有机构成的提高造成失业人员相对过剩，从而导致持续贫困。社会排斥理论是一个涉及社会群体排斥和边缘化的理论，其中的代表人物有安东尼·吉登斯和凯博等。安东尼·吉登斯在《第三条道路——社会民主主义的复兴》中提出主流社会排斥了部分社会群体，包括非自愿性排斥的社会底层群体和自愿性排斥的富人群体。要消除这样的排斥，需要帮助底层群体提升技能和能力，增强自信心。凯博认为社会排斥概念包含三个方面，即问题人群、问题状况和问题过程，这些问题发生在制度领域内的各个层面，导致社会排斥的发生并持续存在，他认为拥有资源量的多少决定了是否成为社会排斥的对象。社会排斥理论能够帮助我们理解社会群体排斥和边缘化的现象，从而提出改善社会状况的方案。20 世纪 60 年代，边缘化理论诞生，主要研究第三世界国家内部的贫困问题。该理论分为“二元论学派”和“结构主义学派”，后者也被称为“新马克思主义学派”。在现代化的进程中，由于不同区域的现代化进程不同步和不平衡，部分地区或团体无法参与现代化，从而被边缘化。要解决贫困和边缘化问题，需要从政治地位和经济地位两个方面入手，打破古板的社会结构和部门之间的失衡，为每个成员提供平等的机会；需要建立基层的广泛基础，促进内部一体化，使所有社会成员团结一致为同一个目标而努力；需要建立一个社会机制，整合所有社会成员，让每个人都能参与社会事务，发挥他们的潜力和贡献；还需要实现社会变革，将所有被边缘化的成员纳入其中。阿尼瓦尔·基哈诺是“结构主义学派”的代表人物，他认为边缘化并不意味着不能融入社会，而是需要一种特殊的融入方式。在经济政治结构论的研究中，学者们认为，揭示社会相关的政治经济因素比研究个人特征更为重要，因为在工业化社会中，职业结构与贫困之间的关系最为密切。社会冲突理论认为，由于群体之间拥有的权利和资源分配不平等，再加上资源的短缺和有限性，引发群体之间的利益争夺，最终弱势群体长期处于相对贫困状态。从政治学的角度来看，贫困已经不再是一个局限于社会和经济的问题，而是更多地涉及社会、政治和经济不平等的问题。市场与社会利益分配息息相关，但政治体制和政治关系的限制也同样重要。解决贫困问题需要先消除消极的政治因素。马克思认为，贫困是无产阶级被资产阶级剥削的结果。在《资本论》中，马克思指出农民被剥夺了所有生产资料，完全脱离了生产过程。在《政治经济学批判》中，马克思将生产关系归结为财产关系，包括生产资料所有制形式、生产中的地位和产品分配三个方面。在资本主义社会中，资本家占有所有生产资料，主导生产过程，可以不劳而获，而工人则毫无收入来源，这是生产关系的特定形态所导致的。因此，解决贫困问题需要从生产关系和财产关系方面进行思考。加尔布雷思在《富裕社会》中提出，尽管富裕社会具备消除贫困的条件，但为了不抑制财富阶层的动力，社会收入分配没有得到有效调节，导致公共部门建设滞后，公共贫困问题凸显，而私人财富却不断积累。因此，国家应积极干预市场，通过调控市场实现财富再分配，使富裕社会的贫困问题成为社会和政治的中心问题。此外，加尔布雷思还强调了财富的真正意义，即除金钱外，对他人的帮助和贡献才是内心和真实的财富。马克思主张，消除贫困需要打破资本主义社会生产关系，建立共产主义社会。同一时期，研究贫困的学者也有很多站在富人立场上的，因为他们认为贫困是一个自然规律。英国学者唐森在《论经济法》中提到，社会财富快速累积的充分必要条件是让雇用的工人经常挨饿，使他们处于贫困之中。西方马克思主义首先是一个意识形态概念，而非地理概念，是在特定的历史条件下，在特定的地点和特定的时间形成的一种具有特定内容的思想。由于西方革命接连失败，20 世纪 20 年代以来，西方马克思主义思想围绕着社会主义、资本主义和马克思主义的实践、事件和问题不断发展，系统地提出了独特的观点，在时间的检验下，其中一部分是正确和科学的，而另一部分则是不正确和不科学的。西方马克思主义主要从两个方面研究贫困问题，即人与人之间关系的变化和人的灵魂革命。卢卡奇提出的物化理论认为人与人之间的关系已经具有了物的性质，成了一种独立存在的实体，并通过其自律性来控制人的行为和存在方式。而布洛赫则认为人活在黑暗中，需要进行灵魂革命来获得更高层次的满足。20 世纪 30 年代末，列斐伏尔认为，现代社会仍然存在全面的异化问题，每个人都无法摆脱这种异化。为解决这个问题，他提出了马克思的总体人批判思想。总体人指的是一个自由集体中自由的个人在不同的个性差异中发展自己的个性，从而消除异化人的问题，总体人是自由的自然界。这种思想被认为是超越现代人异化的根本途径。20 世纪 60 年代，弗洛姆在《马克思关于人的概念》中指出，异化即生产性的否定，理解人必须从异化中回归到人自身。他认为社会主义概念包含两个特征，一是真正的社会主义能够消除生产异化和消费异化，创造人的真实需要，实现人的自由发展，从而消除人的异化；二是社会主义是人与自然异化而来的。马尔库塞在《单向度的人——发达工业社会意识形态研究》一书中认为，工业社会中的社会是单向度的，里面的人也是单向度的。当个体的意识和身上的存在相同时，个体能在其中获得满足，但这种满足是异化的更高层次。近年来，西方马克思主义一直在探讨人的异化问题。在 2016 年的纽约左翼论坛上，大卫·哈维指出，资本的本性是追求剩余价值，这导致了无限的积累和为了积累而积累的恶性循环。资本主义经济危机必然引发政治危机，资本主义各国内部阶级矛盾的尖锐以及法西斯势力的抬头，加剧了社会的动荡。另外，生态马克思主义批判人与人之间的剥削关系以及人对自然的剥削。

它强调环境和经济问题之间的联系，并认为这种联系应该被纳入社会主义的政治和经济体系中。生态马克思主义强调环境保护和可持续发展的重要性，认为这些问题必须通过社会主义制度变革来解决。这种批判思想在当今的生态危机中具有重要的维度。生态马克思主义继承了马克思的生态观点和马克思的方法论。该理论在实践中取得了重要成果，其中代表人物高兹于1975年出版了《生态学和政治》，该著作不仅奠定了生态马克思主义的基础，也为西方政治生态学奠定了基础。高兹认为，单纯的经济理性是无法引导人们形成正确的伦理原则的。马克思也认识到资本主义的利润动机会对生态环境造成破坏。因此，生态运动与资本主义之间不可避免地发生冲突。事实上，资本主义危机的实质是生态危机。1988年，高兹在《经济理性的批判》一书中指出，资本主义社会生态危机的根源在于经济理性。经济理性使得生产过程只注重追求"越多越好"，而忽视了"够了就行"的原则，导致人与人之间的关系变成金钱关系，人与自然之间的关系变成工具关系。这种理性推动了现代资本主义的发展，但也导致了劳动者失去人性，生活世界被"殖民化"的问题。为了解决这些问题，需要建立"更好更少"的新的生产方式和社会组织方式，从而摆脱经济理性的控制。1991年，高兹在《资本主义、社会主义和生态学》中提出，最好的保护生态环境的方法是实行先进的社会主义，摒弃资本主义。生态马克思主义是继承了马克思思想和方法论的一种理论流派。它认为，资本主义的利润动机破坏了生态环境，导致了生态危机，这是资本主义的危机实质。高兹还认为，要想摆脱经济理性的控制，需要打破更多与更好之间的联系，实行先进的社会主义，才能最好地保护生态环境。北美马克思主义代表人物阿格尔认为，生态马克思主义提出了"破碎的期望辩证法"，可以指导社会变革。这个辩证法包括四个过程，即人们对商品消费的永无止境的期望、生态危机转化为资本主义的供应危机、人们重新审视资本主义制度，以及新期望和满足方式的出现。威廉·莱易斯在《自然的统治》一书中提出了人类头脑中控制自然的观念，解决生态危机需要改变这种控制自然的观念。他还强调了控制自然和控制人是密不可分的。在《满足的极限》中，威廉·莱易斯关注真正需求和虚假需求之间的区别，他批判了人们在追求满足的过程中对自然和自身造成的伤害。他认为，人们应该从生产劳动中而不是从消费活动中获得满足。他认为，现代社会将人们变成了消费者，让人们在虚假的需要中迷失了方向。因此，要摆脱这种虚假需求，需要认真思考真正的需求，同时改变生产和消费的方式，让它们更符合人类的真正需求。J. B. 福斯特是一位有代表性的生态马克思主义理论家，他从经典马克思主义中寻找解决生态问题的方法。J. B. 福斯特认为，马克思主义是一个深刻的系统世界观，马克思唯物主义的哲学本质是马克思主义生态观的源泉。他强调，否认马克思主义哲学的唯物主义本质就等同于否认马克思主义的生态理论。J. B. 福斯特提出了两个备受关注的判断：第一，只有马克思主义理论才能够解决当今世界面临的生态危机，为建设生态文明提供思想；第二，马克思主义的生态观是基于唯物主义哲学的，否认唯物主义本质就是否定马克思主义的生态理论。

2.2 欠发达地区自我发展能力研究

欠发达地区的发展能力是经济区域研究的重点，因为这关系到可持续发展的实现。为了实现可持续发展，区域间发展动力需要不断提升。学者们已经在区域自我发展能力方面做了许多探究，这些都为后续研究提供了理论基础。

2.2.1 区域自我发展能力内涵

1. 区域自我发展能力内涵的国外研究

在国外并没有区域自我发展能力的概念，国外只有相近的概念，比如地方化能力、自我振兴能力。Maskell（1998）从四个要素出发，将区域发展环境和区域的创新有机结合，这四个要素分别是制度享赋、自然资源、已有结构和区域知识技能。Saarivirta（2007）从内生增长角度出发，指出自我振兴能力可从个人层面上升到企业、机构、组织和区域层面，自我振兴能力的核心是探索、消化、吸收和创新。

Greena（1990）提出，农村自给自足经济可以通过一些自我发展活动为农民创造就业和商业机会。Jeff 等（2002）强调内源式发展，认为自我发展需要依靠本地资源和企业精神的发展。Pike 等（2006）指出，本土自我发展需要依靠新企业的发展，同时需要支持现有企业的发展，注重对劳动力资源的培养和利用。

2. 区域自我发展能力内涵的国内研究

区域自我发展能力起源于国内，时间可以追溯到 20 世纪 80 年代末，周忠瑜（2001）提到，可以把区域发展和自我发展的能力联系起来。自此，学者们在研究自我发展能力时都集中在少数民族地区自我发展上。田官平和张登巧（2001）提出，只有激发欠发达地区的内部潜力才能够提升湘鄂渝黔民族地区自我发展能力。鱼小强（2002）研究西部自我发展能力时提到，只有区域自我发展能力不排斥外力，才能集中利用一个地区内部所有资源并产出。徐君（2013）重新分析了四川省民族地区自我发展能力提升的方法，他认为区域自我发展能力并不是简单的区域的可持续发展能力。

在过去，许多学者的研究奠定了区域自我发展能力的基础，自此，区域自我发展能力的研究也进入了新的阶段，学者们开始了对区域自我发展内涵的分析。赵建吉（2007）提出，区域自身能力存在于开放的市场经济中，而企业可以在开放的市场中利用区域性的资源，通过正当的竞争管理来获得正常利润，表明区域具有自身能力。

王科（2008）提出，社会与生产力和自然的总和，就是区域自我发展能力，这也是对一个区域各项资本状况的具体阐述。郑长德（2011）提出，区域利用自身的资源，不利用其他资源，能够得到好的结果，这才是区域自我发展能力。李晓红等（2013）提出，区域自我发展能力，着重点在于对自身资源的使用、环境文化的传承和人口利用，这是一个动态和不断改变的概念。孙根紧（2015）提出，要想让区域经济社会和资源环境能够可持续发展，只有让一个地区依靠区域的内部力量来优化配置稀缺资源，这才是区域的自我发展能力。

2.2.2 区域自我发展能力评价方法

2008 年，我国在研究区域自我发展能力的进程上进入了新的阶段，即定量分析阶段，这是因为王科建立了完整的中国欠发达地区自我发展能力的指标体系。目前国内应用较为广泛的区域自我发展能力指标体系包括以下五个方面。

第一，从四个循序渐进的方面，即个人、企业、政府和区域来研究区域自我发展能力。李豫新和张争研（2013）从主体出发分析了企业、政府、家庭和区域的学习创新能力的指数，再利用理想度对这四个指数的协同度进行评价。陈作成和龚新蜀（2013）也是从四个主体出发，构建了区域自我发展能力的指数。王蕾和汪海霞（2014）从三个主体，即个人、企业、政府选择指标体系，运用德尔菲法对新疆各地市的自我发展能力进行评价，并将区域自我发展能力应用到新疆多民族地区。

第二，从区域发展的三个构成要素，即经济、社会、环境三个方面构建指标体系，对区域自我发展能力进行研究。高新才和王科（2008）提出，区域的自然生产力和社会生产力的总和，包括了资源环境的承载力、区域社会的发展力和经济凝聚力。这些区域经济发展的自身基础和生产功能，才是区域自我发展能力强调的重点。徐孝勇和寸家菊（2016）提出，经济凝聚力和区域社会环境所决定的社会生产力能够将区域的内部资源进行完美的优化配置，从而整合成一个推动区域生态经济与社会共同协调发展的自然生产能力和社会生产能力。这是在区域规划和开发中由区域系统内部的自然资源子系统所决定的。

第三，区域自我发展能力是资源的存量能力、利用能力和创生能力的综合体现。评价全国省份的区域自我发展能力可以采用德尔菲法。针对西部地区，需要加强其创新能力、资源利用能力和资源创造能力，以促进区域可持续发展。

第四，基于区域要素的流动视角，从要素集聚能力、要素利用能力、政府要素调控能力三个维度，构建区域自我发展能力评价指标体系。丁妍（2015）提出，区域依靠自身力量对其拥有的要素进行优化配置和合理利用，就是区域自我发展能力的实质。

第五，从区域的产业能力、市场能力、空间能力和软实力四个方向选取相应的指标，测度区域自我发展能力。冷志明和唐珊（2014）认为，区域自我发展能力就是区域用自身需要的发展和创收能力，将发展要素转化成产出的竞争力，再从四个维度即产业能力、市场能力、空间能力和软实力，集中研究武陵山欠发达地区的自我发展能力。关靖云等（2015）从区域产业能力、市场能力、空间能力和软实力四个方面构建了测算新疆县域自我发展能力的指标体系，并利用综合指数分析法对其进行分析。戴昭鑫等（2016）利用主客观权重与因子分析法，从产业能力、市场能力、空间能力和软实力四个维度对1990—2013 年“丝绸之路经济带”沿线的 30 个城市的区域自我发展能力进行评价。

2.2.3 欠发达地区自我发展能力对经济增长的贡献

亚当·斯密在其《国富论》中提出的劳动分工理论，经过后来学者的补充和完善，逐渐引申出了欠发达地区自我发展能力的概念。然而，学术界对欠发达地区自我发展能力的具体含义并没有达成共识。因此，本书拟从能力理论和能力贫困理论、区域自我发展能力、贫困区域自我发展能力以及欠发达地区自我发展能力对经济增长的贡献等方面入手，探究欠发达地区自我发展能力对经济增长的影响。

1. 能力理论和能力贫困理论研究

区域自我发展能力的研究起点包括能力理论和能力贫困理论。Adam Smith 的劳动分工理论和新古典经济学家的企业能力理论，以及林毅夫的“企业自生能力”理论，为该领域提供了理论基础。林毅夫将“企业自生能力”引申为区域自我发展能力的概念。Sen 于 1980 年提出了能力贫困理论，将可行能力的概念应用于贫困分析中。多维度贫困研究已经识别出许多与贫困相关的维度和指标。为了消除能力贫困，应该赋予贫困人口参与经济和社会活动的公平机会和权利。

2. 区域自我发展能力研究

区域自我发展能力的研究主要包括内涵和构成要素、影响因素分析、评价指标体系构建及实证研究。评价指标体系包括联合国能力框架下的个人、组织和系统三个层面以及自然、资源、社会和经济等角度，使用因子分析和其他计量方法进行测量。实证研究发现，自然生态保护建设、区域资源有效利用、基础设施建设、人力资本投入、生产要素集聚和技术进步等对地区经济发展有重要作用，但提高区域自我发展能力是地区经济长期稳定发展的根本途径。

3. 贫困区域自我发展能力研究

贫困区域自我发展能力研究包括贫困地区自我发展能力与欠发达地

区自我发展能力研究。贫困地区自我发展能力由该地区的自然生产力和社会生产力有机结合而成。研究表明，农村地区贫困的内因在于地区自我发展能力弱。政府对贫困县实施的预拨财政补贴政策有利于增强贫困县的“造血”机能。欠发达地区自我发展能力研究包括单个欠发达地区的自我发展能力研究和多片欠发达地区的自我发展能力研究。欠发达地区的产业自我发展能力和贫困农户个体自我发展能力的构成要素与提升途径也是研究的重点。综合发展指数视角和多维贫困指数法可以用于测度欠发达地区的贫困现状和自我发展能力。为了实现贫困地区脱贫不返贫，需要培育其内在的自我发展能力并构建持续增长的内在动力机制。

4. 欠发达地区自我发展能力对经济增长贡献的研究

目前，对于欠发达地区自我发展能力与经济发展的关系的研究非常有限。现有的研究主要集中在探讨西部地区或其他一般地区的自我发展能力与经济增长之间的关系。研究发现，自我发展能力和区域经济水平之间存在互相促进的作用。而自我发展的动力因素对经济增长的影响也非常显著，包括自然生态保护、资源利用、基础设施建设、人力资本和技术进步等方面。因此，提高欠发达地区的自我发展能力是实现经济长期稳定发展的重要途径。王永莉和梁城城（2015）在对八个西部民族地区的研究中，政府、企业、家庭和区域自我发展能力以及学习和创新能力都对经济增长产生了积极的影响。因此，欠发达地区自我发展能力与经济增长密不可分。

2.3 乡村振兴战略研究

2.3.1 乡村振兴：为何与何为

社会主义新农村建设的“二十字方针”，即“生产发展、生活宽裕、乡风文明、村容整洁、管理民主”。而乡村振兴战略也提出了 20 个字的总要求，即“产业兴旺、生态宜居、乡风文明、治理有效、生活富裕”。新农村建设是乡村振兴战略的起源，但两者在目标重点、实施策略、地域范围和时间跨度四个方面存在显著不同。乡村振兴是建立在新农村建设的基础上，对乡村发展设定了更高的目标。新农村建设思想并没有在乡村振兴战略思想讨论起源中被作为重点，但是事实上中国开展的新农村建设却是乡村振兴战略的重要思想与实践来源。

1. 为何提出乡村振兴战略

“三农”问题一直是国家发展的核心议题，党的十九大报告首次提出实施乡村振兴战略，引发了社会各界的深切关注和高度重视。这表明了中国政府对农业农村发展的高度重视和决心。乡村振兴战略的实施是实现现代化强国建设的必要条件之一，因为农业农村的现代化不仅关乎国家的经济发展，还涉及社会稳定、生态环境和文化传承等方面。实现乡村振兴的目标需要从五个方面入手，即产业兴旺、生态宜居、乡风文明、治理有效和生活富裕。这五个方面的总体要求又实现了“五位一体”的总体战略布局，即经济建设、生态文明建设、文化建设、政治建设和社会建设。这些方面的发展是相互依存、相互促进的，必须全面考虑、统筹规划，才能够实现乡村振兴的目标。在推进乡村振兴的过程中，要注意城乡融合的问题。乡村振兴不仅仅是为了改善农村的发展状况，还要强调城乡融合，使城市和乡村之间的差距逐渐缩小。通过城乡融合，可以使农民在家乡就能享受到现代化的生活设施和服务，同时可以促进城市和乡村之间的互动和交流，实现共同发展。如果忽视了农业、农村和农民的发展，那将是不完整的。乡村振兴战略的深入实施，其目标远不止于单纯解决农业农村发展滞后的问题，更旨在奠定中国现代化社会长期稳定繁荣的坚实基础。这一战略通过引导城市资源要素向乡村流动，促进乡村地区的生产活动，从而激发乡村发展的内在动力。例如，电商平台如乡村淘宝的兴起，就极大地推动了众多乡村地区的经济繁荣。在新时代背景下，随着社会主要矛盾的转变，乡村振兴的内涵也得以深化。它不再仅仅局限于物质层面的改善，而是追求乡村经济、政治、文化、社会和生态文明的全方位发展与提升。这意味着乡村振兴将致力于构建更加繁荣的经济体系、更加民主的政治环境、更加丰富的文化生活、更加和谐的社会关系以及更加可持续的生态环境，从根本上实现乡村的全面振兴与现代化。若要深刻理解乡村振兴战略的深远含义，就要整体理解党的十九大报告以及党的十八大以来习近平总书记关于农业和农村发展思想的论述。农业农村发展已经进入了一个新的阶段，因此乡村振兴战略才得以提出。农业农村发展是从三个方向进行转变的，即农业发展进入转型升级攻坚期，城乡发展进入快速融合推进期，乡村治理进入转型期。新常态下农村经济的巨大增长有助于中国经济持续健康发展。新农村建设战略升级以后的乡村振兴战略是对中国乡村发展规律的把握，是对原来城市化发展战略和偏工业化战略的调整，更是对传统城乡统筹思维的深度研究和下移社会发展重心。乡村振兴战略是对改革开放以来“三农”工作思路的重新梳理调整，旨在解决中国农村面临的土地流转、农村劳动力外流、农村基础设施不完善等问题。同时，乡村振兴战略也是中国共产党在改革开放以来农村发展思想的升华和中国特色社会主义理论体系的最新成果。虽然已有的城乡统筹、新型城镇化、新农村建设和城乡一体化政策在一定程度上推动了乡村发展，但仍然难以解决新时期城乡发展的问题。与此同时，全球范围内的乡村衰落并不是因为农村经济在 GDP 中所占比例的下降，而是由于城乡结构变化和城乡居民分布模式的演变，这些变化在全球范围内也没有成熟的国际经验可以参考。鉴于此，乡村振兴战略是从中国的国情出发，根据社会主要矛盾——城乡发展不平衡和农业农村发展不充分这一根本性现实问题而提出的战略决策。因此，将乡村振兴作为当前一项紧迫而重要的任务来抓，是符合中国实际发展需要的战略选择。

2. 何以实现乡村振兴

（1）乡村振兴的路径、方向与原则

乡村振兴是指在保留乡村基本景观和文化的基础上，发掘和重建乡村的生命力和价值，推动其发展。实现乡村振兴的重要途径之一是建设公共基础设施和公共服务，城乡双向流动也是必要条件。乡村振兴的重点研究方向包括乡村活力、权利、文化和治理。农民是乡村振兴的主体和受益者，调动其积极性、主动性和创造性是实施乡村振兴的关键。乡村振兴的基本保障是改革和完善乡村治理，其中深化农村土地制度改革是重点。产业兴旺需要实施产权改革，现代农业是乡村振兴的基本方向。乡村建设的方向是美丽生态宜居。乡村振兴的政策框架应全面覆盖财政支持、金融扶持、农业保险保障、农民增收策略、人才激励机制和乡村资源高效配置等多个维度。乡村振兴的四大路径是机制创新、科技创新、产业发展和人才培育。乡村振兴战略从融合发展方向来看，淡化了城乡之间的界限，促进了城乡良性互动，强化了城乡各自的优势，补齐短板，实现均衡发展。为了实现这个目标，需要在县级范围内做好乡村规划、乡村小镇建设、乡村投资、村庄功能和新生态开发等工作，同时吸引农民工和能工巧匠等人才返乡，落实乡村振兴战略。政府和农民应共同参与乡村规划，加强环境友好和资源节约的观念。同时，乡村振兴需要注重信息化建设，为农村居民提供城乡融合发展的途径，并在小农户和城市大市场之间建立纽带。乡村振兴的政策方向应突出农业农村优先发展、绿色发展、共享发展、融合发展和创新发展。无论如何讨论乡村振兴，都应该从产业、生态、治理、经济和文化等方面综合推进。

（2）乡村振兴中的风险防范

在乡村振兴的过程中也会产生一些风险，主要表现为：急功近利，步子迈得不够扎实；农民缺乏积极性，一味依靠政府主导；政府的政策没有考虑各地区的差异，无法落实到基层。农业发展需要与小农经济相结合，不能过于追求规模。乡村振兴应尊重乡村发展的客观规律，阶段性地实施各个阶段的目标。乡村振兴不可形式主义，应稳步前进，符合人文定位且有适合地方产业的制度支持。

2.3.2 实施乡村振兴战略的五大路径

乡村振兴不是一个直线上升的过程，而是一个螺旋形上升路径，乡村振兴的规划必须尊重乡村发展的规律。乡村振兴分为三个阶段，其目标是让农业有进步、让农民职业有吸引力、让乡村成为美丽家园。乡村振兴规划围绕“产业兴旺”“生态宜居”“乡风文明”“治理有效”和“生活富裕”五个方面进行规划。

第一，开发农业多元价值并形成农业新业态，助推产业兴旺。

乡村振兴的基础在于产业，中国粮食生产的重点在于保障安全而非数量。产业兴旺是重点，但许多农产品存在结构性过剩问题，因此产业振兴必须进行产业项目的筛选。适合振兴的产业需要配套支持政策，包括农村基础设施建设、社会化服务体系建设、农产品加工和销售服务体系建设、产业技术推广研发等。产业发展必须坚持质量效益优先，确保优质优价，提升经济动力。此外，突出农业多功能性的开发也很重要，将休闲、旅游和游学教育等相关产业纳入农业产业，有助于推动农村产业兴旺。

第二，做好环境生态、乡村能源结构调整与退耕工作，实现乡村生态宜居。

乡村环境治理是实现生态宜居的关键，需要解决水体污染、固体废物污染、农业面源污染和空气污染等问题。为此，需要加强环境监督和监管，并推广环境保护和生态维护教育工作。在乡村推广废品分类回收制度，并对坚持分类回收的农户进行奖励。同时，需要替换传统的燃煤和烧柴能源为清洁能源，对替换新型能源的农户进行补贴。此外，推动退耕还林还草政策，实施生态移民搬迁计划，并提升生态移民户的生活保障水平，保留乡村风貌和乡土记忆，建设绿色农业和美丽乡村。

第三，弘扬优秀传统文化资源，搭建公共文化活动平台，实现乡风文明。

乡村文明建设必须利用优秀的传统文化资源，保持简朴文明，创造现代、文明的生活方式。同时，必须鼓励改变乡村文化和习惯的积极变革，坚决抵制不良风气。提高农民思想素养，营造良好家风，以乡规村规引领家风村风。只有农村居民积极参与才能打造乡村文明新风，才能成功搭建公共文化活动平台，增强农村居民自信心和实现其主体价值。民俗文明也必须充分发挥城市的鼠标作用，其文化引导必须与经济效益和社会效益相结合，同时把思想认识转化为解决实际问题。乡村文明必须高度重视铺张浪费的问题，通过制定意见指南、在公民之间达成协议来有效解决。在实践层面，还在网络点组、农村福利小组等许多地方探索了比较成功的经验。乡村文明建设是乡村振兴的重要方面，其基础在于丰富的农村文化活动。为此，需要制定公共规划，促进农村文化和集体精神文化活动的发展。同时，个人风格是农村文风和村风的基础，因此村干部的作风建设非常重要。在乡村文明建设中，缓和纠纷和矛盾也是关键，需要清除不利于树立乡村文明新风的不和谐因素。

第四，实现“三治融合”，创新乡村治理体系，实现乡村有效治理。

乡村管理有效的重点是，建立独立的自治、法治、美德相结合的乡村管理体制。在自治情况下，要注重创新形式和结构，提高基层服务和管理能力，积极发展项目，提高村干部待遇，加强管理工作的积极性、主动性。如果所有人都对农村事务感兴趣的话，农村管理将会实现低成本、高成效运作。同时，即使这是一股文明的风气，也很难在道德上取得管理效果。法治是管理的基石，最低限度的管理应基于法律框架，确保管理的规范性、刚性及公正性。一旦违法，一律依法处理，任何行为均不得超出法律范围，法治不得侵犯，法律是政府和法治的最终保障。此外，还需要搭建道德讲堂和道德评议等公共平台，促进道德建设的深化和文明乡风的弘扬。提供更多支持，以促进德治效果的发挥，从而实现乡村治理的良性循环。为了避免单一的治理方式，应将自治、法治和德治三者融合起来。只有这样，才能更好地把握乡村治理的度并提升治理能力。

第五，做好脱贫攻坚和低收入群体增收工作，实现乡村富裕生活。

只有完成脱贫攻坚的重任，才能实现生活富裕。2020 年，中国已经全面建成小康社会，但仍将继续深化脱贫攻坚工作，致力于提升低收入人群的收入水平。为此，不仅需要对社会发展成果进行合理分配，还需要促进产业繁荣。一方面可以让农民通过传统的农村产业获得收入，还可以拓展农村多种功能获得收入；另一方面，乡村振兴战略的基础在于产业，需要筛选产业项目，并配套支持政策，如农村基础设施建设、社会化服务体系建设、农产品加工和销售服务体系建设、产业技术推广研发等。产业发展必须坚持质量效益优先，提升经济动力。同时，农村文明建设需以丰富的文化活动为基础，需要制定公共规划，搭建公共平台，缓和纠纷和矛盾。为了提升农民的人力资本水平，需要减轻农民的教育医疗负担，通过就业和务工来促进农民增收。乡村振兴战略的提出是历史必然，中国共产党对“三农”工作的重视是其重要体现。历史上的乡村建设运动、新农村建设运动、新村运动和造乡运动为中国当前乡村振兴战略提供了宝贵的参考。中国的乡村振兴战略是在国际乡村发展经验和中国基本国情的基础上形成的科学规划，要实现乡村振兴，必须尊重乡村发展的客观规律和中国社会发展特征，使其惠及民生、利国利民，推动中华民族实现伟大复兴。

3　研究思路与方法

3.1　研究思路

本书在实地考察14个欠发达地区（11个民族地区）乡村特征的基础上，归纳总结不同类型的乡村贫困特性，采用统计计量方法测度乡村贫困程度，进而从五个方面设定乡村振兴长效发展机制。具体思路如图3-1所示。

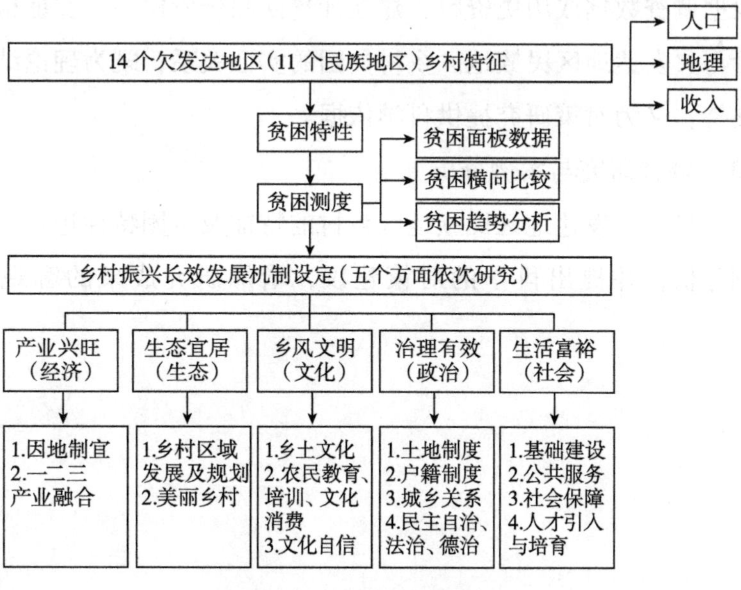

图3-1　研究思路与框架

3.2 研究方法

本书在研究范式上，实行三个结合：一是理论逻辑演绎与实证检验相结合；二是历史、现状与推论相结合；三是现象、观点归纳与一般的理论抽象相结合，并遵循从问题的提出到揭示隐藏在问题背后的经济学逻辑，再到对策研究的基本范式。在具体研究中，通过系统梳理国内外的研究现状，提出本书的研究视角，围绕乡村振兴这个命题展开研究，在理论创新的基础上，提出若干有针对性的对策，具体方法如下。

（1）数据挖掘与统计分析

整理关于欠发达地区民族地区乡村经济方面的宏观与微观数据库，以拟合洛伦兹曲线为目的进行数据挖掘，为贫困指数测度提供数据准备。并对欠发达地区民族地区乡村贫困面板数据集进行横纵向比较分析，研究其贫困现状和变动趋势。

（2）实证分析法

根据调查数据或历史资料，建立计量回归分析模型，实证检验各解释变量与欠发达地区民族地区乡村贫困的实证关系，既为理论结论提供实证支持，又为对策研究提供科学依据。

（3）调查研究与案例分析

本书将对欠发达地区民族地区乡村的特征及贫困特性进行调查研究和案例分析，并提出科学的对策建议，增加研究成果的客观性和可靠性。

4　框架结构与主要内容

4.1　框架结构

（1）14 个欠发达地区（11 个民族地区）乡村特征及贫困特性识别

从人口分布、地理环境、收入分配入手，深入考察、调研欠发达地区的乡村现状，总结出该地区致贫、脱贫以及可能会导致返贫的原因，从而把握贫困发生机理、分布规律，发现欠发达地区贫困的症结所在，为后续相关实证研究和政策制定奠定理论基础，提供政策依据。

（2）14 个欠发达地区（11 个民族地区）乡村贫困测度

采用 Foster、Greer 以及 Thorbecke（1984）构建的 FGT 贫困指数，对民族地区绝对贫困进行测度，并识别民族地区绝对贫困主体的收入分布特征以及人口统计学特征。具体内容为：第一，利用宏观和微观数据对民族地区各项绝对贫困指标进行测度，构建民族地区绝对贫困面板数据集。第二，分析民族地区贫困演化，绘制民族地区贫困地图，对民族地区绝对贫困状况进行地理识别。第三，利用贫困距和平方贫困距指标以及微观数据集，对民族地区贫困人口的收入分布状况进行动态分析，给出绝对贫困人口的收入区间和人口统计学特征。

（3）14 个欠发达地区（11 个民族地区）乡村振兴长效发展机制设定

坚持农业农村优先发展，按照产业兴旺、生态宜居、乡风文明、治理有效、生活富裕的总要求，分别从经济、生态、文化、政治、社会五个角度分析并设计不同类型的乡村发展机制。在经济方面，需充分考虑因地制宜和产业融合；在生态方面，需秉持“美丽乡村”；在文化方面，需高度重视城乡之间、区域之间、人群之间的文化协调发展；在政治方面，需考虑基本经营制度和城乡关系；在社会方面，需强调基础设施建设、公共服务及人才引进与培育，建立健全城乡融合发展体制机制和政策体系，加快推进农业农村现代化。

4.2 主要内容

第一，通过对 14 个欠发达地区（11 个民族地区）乡村特征及贫困特性的研究，把握贫困发生机理、分布规律，发现欠发达地区贫困的症结所在。

第二，为促进 14 个欠发达地区（11 个民族地区）乡村实现乡村振兴，积极探索并构建长效发展机制，围绕城镇化与乡村振兴双轮驱动策略，推动城乡融合发展，确保城乡发展在同步、协调、和谐、融合、平等的轨道上前行。

第2篇

欠发达地区民族地区现状

5 自然资本

5.1 资本的概念

Robert Costanza 等认为，资本是在某个时间点存在的物质或者信息的存量，资本要么单独地，要么与其他资本存量产生的服务一起创造新的资本服务流，这些服务流被用来改变物质或者物质的空间配置，以增加人类的福利。人类使用这些资本存量产生服务流时可能不会让原先的资本存量完好无损。资本存量采取不同的存在方式，最明显的便是以物理形态存在，包括自然资本，如树木、矿物、生态系统和空气等；制造资本，如机器和建筑物等。此外，资本存量可以采取无形的形式，如存储在电脑、人类大脑、其他物种和生态系统中的信息。

Paul Ekins 等指出，资本概念的本质是一种具有产生商品和（或）服务流能力的存量。古典经济学认为资本存量主要分为三种：土地、劳动力和人力资本（通常称为资本）。许多新古典经济学在其生产功能的表现上忽略了土地，只关注劳动力和资本。随着人们对环境资源在生产中所起作用的认识愈加深入，其他某些生产资料也被纳入资本的范畴中，如能源和材料的投入（Jorgenson and Wilcoxen，1993）。然而，传统生产函数中的能源和其他环境资源处理可能并不令人满意。正如 Smith 和 Krutilla（1979）所指出的："调整……抽象生产函数中的替换因子很可能违反物理定律。”他们还注意到，将自然资源视为常规生产投入对于解决环境稀缺性涉及的问题并不一定有效。Ekins（1992）将资本的存量分解成四种不同类型的资本：一是制造资本，二是人力资本，三是社会/组织资本，四是自然资本（也称为环境资本或者生态资本）。制造资本包括材料、工具、机器、建筑、基础设施——它们有助于生产过程，但不会体现在产出中，通常在一年以上的时间内“消耗”。相比之下，中间产品要么体现在生产产品中，如金属、塑料、部件，要么立即在生产过程中消耗，如燃料。人力资本包括所有个人的工作能力。社会/组织资本包括调动和协调个人捐款的社会网络/组织。生态资本具有复杂的类别，它所起到的环境功能主要有四种类型，其中两种环境功能与生产过程直接相关：第一种环境功能是为生产提供资源，成为食品、燃料、金属、木材等的原材料；第二种环境功能是从生产过程和消费品处置过程中吸收生产废物。如果这些废物增加或改善了生态资本存量，如通过牲畜对土壤进行循环利用或施肥，它们就可以被视为对此类资本的投资。更常见的是，当它们产生破坏、污染或侵蚀作用，对生态、人力或制造业资本存量造成负面影响时，作为环境恶化的代表，它们可以被视为负面投资、折旧或资本消耗。第三种环境功能并不能直接促进生产，但在许多方面非常重要，因为它提供了生产的基本背景和条件。它包括基本的生命维持功能，如产生气候和生态系统稳定性的功能，以及臭氧层对紫外线辐射的屏蔽功能。第四种环境功能通过所谓的“便利服务”促进人类福利，如荒野和其他自然区域的美景。生态资本直接产生生命支持功能和“便利服务”功能，与人类活动无关，但人类活动肯定会对负责产生这些环境功能的资本产生影响（通常是负面的），因此也会对其产生的这些功能产生影响。财富创造是将四种类型的资本结合起来，产生人们想要的商品和服务流的过程，通过这种方式，资本存量和来自自然资本的非货币性服务流在数量或质量上得以维持或增强。如果资本存量没有得到维持，那么最终导致其增加的商品和服务的流动将减少，即与资本存量减少相关的任何流动水平都是不可持续的。换言之，资本存量的下降是一个明确的指标，表明从资本存量中获得的商品和服务的流动是不可持续的。因此，每种资本存量的类型都可能关联着特定的可持续性维度。例如，自然资本存量的缩减（Vitousek 等，1997）是环境不可持续性的一个显著标志。这就引出了一个关键问题：不同类型的资本是否可以相互替代。在可能的情况下，很明显，若某一类型资本的增长能够补偿另一类型的减少，那么整体可持续性或许能够不受单一资本存量下降的影响而得以维持。

因此，从主要分类上看，人类社会目前有四大不同类型的资本，即自然资本（生态资本）、物质资本（制造资本）、人力资本和社会资本。在这四种资本中，自然资本主要是环境或者生态资本的存量，它包括地球上可再生与不可再生的自然资源存量（如动植物、空气、水、土壤、矿产和天然气）结合起来所产生的给人们带来价值或者“生态服务”的存量。自然资本为地球上所有生物提供阳光、空气、水、土壤和矿物质等生命支持所需的各种重要的资源，维持地球生物的生长，它为人类社会经济可持续发展提供了不可替代的物质基础和空间范围。自然资本是影响人类福祉和人类社会可持续发展的重要因素，因此，自然资本被视为所有其他类型资本存在的基础。

5.2 自然资本概念的提出

自然资本的概念最早是在 1948 年由 Vogt 提出。当研究美国债务问题时，他认为，地球自然资本或自然资源的消费将导致美国偿还其债务的能力下降。1988 年，戴维·皮尔斯（David Pearce）认为，人类经济和社会得到了自然资本存量和所产生的服务流的支持。因此，社会可持续发展的政策支持具有理论基础和现实意义。此外，他还提出将自然资本分为流动资本和存量资本两种类型。流动资本是可再生资源和生态服务的实际年供给量，存量资本是不可再生资源的累积存量，用于弥补流动资本的消费。近年来，生态资本经济学家普遍重视存量资本的稳定，将其作为判断经济和社会可持续发展的基本依据。自然资本的正式制定首先出现在 Pearce 等在 1991 年出版的《自然资源和环境经济学》一书中，但没有明确界定自然资本。同年，Costanza 认为，自然资本是自然资源的产出流动的存量，它被称为生态系统服务和自然资源，这些自然资源可以通过人类劳动或自身增加其价值，并将生态系统服务提供的货物和服务称为生态系统服务。由于自然资本的范围太大，很难给出准确的定义，于是一些学者以实例的形式给出了自然资本的定义。例如，Daly 认为，自然资本是能够产生生态服务流的存量，如海洋等自然资源可以将渔业流量恢复到自然最大储量水平，可以再生现有的木材资源森林，可以生产原油的石油资源储备。保罗·霍肯（Paul Hawken）在他的著作《自然资本论》中指出，自然资本可以被视为支持地球生命的各种生态系统的总和，包括人类使用的共同资源，如水资源、矿产资源、石油资源、森林资源、自然动植物、土壤和空气，还包括草原、平原、沼泽、海港、海洋、珊瑚礁、河流、冻原和雨林在内的生命系统。

对于自然资本研究较深入的当属《自然资本——为地球估值》一书的作者迪特尔·赫尔姆，他是牛津大学的教授，是能源和气候变化部长经济咨询小组成员，能源和气候专家，长期研究能源政策、气候变化和其他问题，他对自然资本有独特的看法。他认为自然资本的核心是以资产为基础的可持续自然资本法则。该法则关注下一代人能够继承多少资源，在正视 20 世纪对自然资本造成严重破坏的基础上，设定了耗用自然资本的底线。这条法则知易行难，其核心宗旨是自然资本的总量不能减少。他提出保护自然不能一味地不使用自然资源，保护自然需要在不同的经济结果之间进行权衡取舍。引入自然资本的概念是一种使自然价值嵌入经济体系的方法。如何增强环境保护的效果在很大程度上取决于经济，取决于如何将环境放在经济的核心位置以及如何从经济学的角度去思考大自然。将环境看成是由自然资本组成的，与人造资本和人力资本并驾齐驱，这一观念促使自然资本自然而然地融入经济的脉络中，而不再是经济活动的附加物。经济生产活动就是自然资本、其他形式的资本和劳动协同作用，共同产出我们需要的商品、健康服务和休闲体验。一旦自然被视作资本系列中的一环，其经济价值便可通过经济计量方法加以量化，进而吸引资本的青睐与投入，这正是当前亟须填补的空白。通过将自然资本纳入经济学分析的范畴，即便面对人类活动引发的严峻环境退化和污染挑战，我们也能开辟出一条截然不同的可持续发展道路。下文着重介绍了《自然资本——为地球估值》一书的主要内容，以便清楚地理解自然资本的含义和由来。

在第一章中，作者阐释了20世纪以来人类毫无节制地开发自然所带来的一系列挑战：大气被二氧化碳污染；海洋被当作垃圾处理厂和下水道，鱼类数量大幅减少；陆地上，森林即将毁灭殆尽，土地非农化，农业化学品严重破坏野生动植物。同时，他明确指出，与罗马俱乐部曾经的警示有所不同，针对化石燃料或其他不可再生能源而言，目前并未显现出迫在眉睫的能源短缺危机。真正的隐忧并非源自非可再生资源的枯竭，而是聚焦于可再生资源面临的严峻挑战。过度开采不可再生资源，一旦超出其自然恢复能力的阈值，实则构成了一种深远的经济损害。更为紧迫的是，可再生能源的整个生态系统正逐渐逼近一个不可持续的临界点——它们无法在合理的时间框架内实现自我恢复与再生的边缘。这一趋势若持续下去，将酿成永久且无法挽回的生态创伤。那么究竟是否应该继续开发与利用自然？如何进行可持续发展道路？在第二章中，作者给出了答案。

在第二章中，作者把可持续发展道路分成了“强可持续性”道路和“弱可持续性”道路。所谓“强可持续性”道路，即极端环保主义者所奉行的“保护一切”，反对经济增长。他们认为，自然资本应当被视为不可替代的。不仅应当减少消费，还应当从根本上永久性地减少消费——人类需要“回归自然”，与原始的自然在一个“和谐”的状态下生活。相比之下，“弱可持续性”道路允许用一些人力资本代替自然资本。对于可再生资源，人类的任务是确保其损耗是有限的，能够保证不会因为其过量消耗无法维持供给进而影响人类生存，并且能够继续免费地充分供应。对于不可再生资源，人类如果选择现在消耗资源，那么应当留出足够的其他资源来弥补这一代所消耗的自然资源。

因此，“弱可持续性”道路认为，人类对于大自然可以进行一定程度上的开发与利用，只要一方面保证可再生资源不要超过走向灭绝的临界值，另一方面要以自然资本的当代消耗为投资成本，其获得收益要与后代共享，以保证不损害子孙后代的利益即可。因而，自然资本需要被准确地计量、测量和估值。而在此之前，应当确定哪种资本、资产是真正有用的，特别是那些在满足可持续发展条件中发挥特殊作用的自然资本。为了解决可替代性的作用和限制，需要一个规则或原则来支撑弱可持续，即总自然资本规则。可持续发展的答案就藏在这个总体自然资本规则当中。确立这一规则后，还应当就如何基于这一规则进行自然资本核算，如何确定计量和估值自然资本的方法，以及如何制定需要满足这种规则的政策。

第三章对自然资本所包含的诸多层面总量进行了论证。从保护自然的伦理性理由、工具性理由，到两种类型的总自然资本规则的确立，即二者都在保证再生自然资本的总量应当至少保持不变的同等条件下，薄弱的总自然资本规则要求对不可再生资源的消耗进行广义资本的补偿；强势的总自然资本规则要求消耗不可再生自然资本而产生的经济租金应被投资于可再生自然资本。此外，对于反对总自然资本原则的四类声音，作者也逐一给予了回应。

第一，概念框架定义不明确且有缺陷。作者认为，确实存在物理和生物的现实以及生态系统间关系的不确定性，但是这种不确定性是地区性的，而且每一类自然资本之间并不是一定相关的，也没有明确列出每一项自然资本的资产负债表以及估值，事实上也没有必要这样做。问题的核心不是某种资源是否有价值，而是这种资源究竟值得花费多少经费去保护和改善。这些都是可以基本估算出价值的，并且是可操作的。

第二，即使自然资本减少，地球也能照常运转，因此总自然资本规则意味着无数潜在经济机遇黯然消逝。面对这个质疑，作者引用了马丁·韦茨曼在讨论气候变化时所说的“厚尾问题”。21 世纪所发生的不仅是个别自然资本的减少，而且是生态系统的破坏，并且将带来十分严重的后果。人类也许在没有特定可再生资源的情况下可以勉强度日，但是在总量减小的情况下却不行。

第三，这一规则明显地将发展中国家置于劣势地位，其隐含的逻辑是将环境视为一种奢侈品，似乎唯有在贫困问题彻底根除之后，方能提上议程。然而，现实是残酷的，我们不能等到全球 100 亿人口全部步入富裕，才开始正视自然环境的保护与修复。面对中国、东南亚、中东、北非、非洲其他地区及印度等经济体快速发展所带来的巨大碳排放挑战，如何在不危及大气承载力的前提下，维持一个适宜的气候状态，成为亟待解决的全球性问题。鉴于上述困境，作者坚定地认为，在环境发生根本性转变之前，寻求一条真正可持续的发展道路显得尤为迫切且必要。发达国家应当承担起双重责任：一方面，直接致力于解决自身的贫困问题；另一方面，通过提供资金援助和技术支持，帮助那些更为贫困的国家在追求经济增长的同时，避免以牺牲自然环境为代价。

第四，这一规则不够有雄心，因为一些自然资本已经被过度消耗了。反对者认为，应该考虑最优的自然资产水平，目标也应变为特定的资产。但是从其本身来看，总自然资本规则还远没有被遵循，所以这些限制应当被立即执行。反之，如果达到最低程度的限制，总量还有所增加，那将是额外的红利。

从《自然资本——为地球估值》一书中的内容，我们可以看出，自然资本的提出是为了将自然价值嵌入经济体系，是为了解决“弱可持续性”而必须对可再生资本进行核算，但是对自然资本这一提法仍然存在很多争论。

5.3 关于自然资本提法的争议

自然资本是一个广泛的概念，不同的学者有不同的看法。一些生态学家认为自然资本符合资本的定义，可以产生收益和进行投资，因此自然资本的概念是合适的。然而，一些经济学家认为自然资本的概念已经包括在新古典经济学中了，自然资本的提法并没有什么新意。还有一些学者认为自然资本的概念并不能完全描述生态系统的动态性，因此需要重新定义或停止使用“自然资本”这一提法。虽然有争议，但自然资本仍然得到主流经济和生态学家的认可，越来越多的研究也开始使用“自然资本”这一概念。

5.3.1 资本稀缺性模式争议

经济学核心聚焦于资源的稀缺性探讨，其中自然资本的稀缺性尤为关键。在此框架下，若自然资本相较于人造资本展现出更为显著的稀缺性，则经济学的研究焦点理应自然地向自然资本倾斜。对于生态学家而言，他们更加坚信自然资本在可持续发展议题中占据着不可替代的核心地位。

在新古典经济学的传统视角下，人造资本被视为稀缺的主要元素，而自然资源在既有的经济条件下往往不被视为直接制约因素，主导力量依然是人造资本的积累与配置。然而，随着经济的持续增长，一个不容忽视的趋势逐渐显现：自然资本正逐步成为经济增长的潜在瓶颈与限制条件。

因此，深入研究自然资本，不仅是对新古典经济学理论边界的拓展，更是推动可持续经济发展的必然要求。认识到自然资本在经济发展中的关键作用，意味着我们需要重新审视经济增长模式，确保其发展路径既能满足当代需求，又不损害后代满足自身需求的能力，从而实现真正意义上的可持续发展。

5.3.2 可持续含义的争论

新古典经济学家和生态学家都认为可持续性问题很重要，但是他们对于可持续性的定义和实现方式的认识存在差异。其中，第一种观点认为自然资本和人造资本可以进行某种方式的加总，这种视角下，可持续性被描述为资本存量不减少，而这种资本可以是自然资本和人造资本的加总。例如，人工林的培育和开采可以被看作可持续性的一种实现方式。这种观点认为自然资本和人造资本是可以替代的两种资本。第二种观点认为自然资本和人造资本并不是可替代的，而是互补的。因此，使用货币化的方式来衡量自然资本是不科学的，不存在加总的问题，自然也就不存在所谓的总量不减少问题。这种观点认为，两种资本的存量应该分别不减少，因为它们是不可比的。虽然这两种观点都有其理论依据，但是它们的基础价值观念和约束条件存在差异，因此存在争议。

5.4 自然资本的核算

关于自然资本的核算方式，是采用统一的货币化度量还是直接依据实物进行统计，这一议题长期以来引发了广泛争议。货币化途径旨在将自然资本的价值转化为货币单位，从而凸显其经济层面的重要性，此方式因简便易行且能与既有的经济核算框架无缝对接，而备受经济学家青睐。相比之下，生态学家则更倾向于实物核算法，他们认为这种方法更贴近自然资本的本质属性和综合价值，能够更直接地体现自然资源的物质构成与能量流动。实物核算不仅捕捉了自然资源的物理存在，还隐含了对生态系统完整性和服务功能的尊重与考量。在货币化核算实践中，支付意愿法作为一种常见策略，虽有其应用价值，却也面临诸多挑战，如定价机制的合理性、适用范围的局限性等，这些问题限制了其在全面评估自然资本价值时的有效性。鉴于此，众多生态学家主张采用实物核算作为更为科学合理的选择。他们认为，通过实物核算能更精确地描绘自然资源的物质形态与能量转换，为资源保护与管理提供更为坚实的数据支撑，同时也有助于促进自然资源的可持续利用。然而，实物核算亦非毫无障碍，诸如资源种类的标准化比较、核算过程中的主观性影响及不确定性等问题仍需克服。

无论是货币化核算方法还是实物核算法，都涉及自然资本两个方面的内容：一是数量方面，估算自然资本的存量；二是质量方面，这部分的估计十分关键但又相对复杂。当前，针对自然资本的估计，有自然资本存量法、自然资本指数法和保护区法三种主流方法。

第一，自然资本存量法是一种通过测算自然资本的功能实现程度来评估自然资本价值的方法。它的优点是易于测度，可以清楚地反映自然资本的功能实现情况，从而提供更具体和详细的评估结果。但是，该方法也存在一些不足之处：一是对自然资本功能指标的选择存在较大的主观性，这取决于专家的个人意见和选择标准，因此有一定的不确定性。为了解决这一问题，可以通过采用多种专家评估和公众参与等方式来降低主观性，提高评估结果的准确性和可信度。二是动态指标静态化。实际上，自然资本由自然资源与生态服务的存量与流量共同构成，它具有动态性，而采用自然资本存量法对其估计时所选择的指标均是静态指标，它只能反映自然资本在某个时间点的存在状态，无法测度动态的自然资本流。三是政策目标标准化。将政策目标作为自然资本功能实现的标准化的参照系，以政策目标能否实现来评价自然资本功能是否实现以及实现程度，这种评价缺乏客观性。

第二，自然资本指数法是另一种估算自然资本状况的方法，它主要通过自然资本指数即生态系统的数量与质量的乘积来体现。其中，生态系统的数量是用生态系统所在地的面积与整个地区总面积的比率来表示，体现了生态系统的规模大小。而生态系统的质量则用生态系统当前自然资源与生态服务的存量和基底（baseline）存量的比率来表示。一般选择在工业时代前未受影响的状态作为生态系统的基底存量，因为此时的生态系统物种丰富多样，以此估算出的生态系统的质量可以更加准确地反映现代人类活动对生态系统的影响程度。然而，这些指标的计算结果通常因地而异，且数据采集比较困难，因此通常不直接采用状态指标。Ten Brink（2000）发现生态系统的质量和生态系统所受压力呈负向关系，从而提出状态指标可用压力指标的倒数来表示。虽然此方法可以适用于各种形式的自然资本，具有说服力且方便计算，但依旧存在无法准确地识别和评价关键自然资本的效果和在选择基底生态系统时有较大的应用难度等缺陷。

第三，保护区法是一种估算和评价自然资本存量的方法，通过计算一个国家或地区的保护区面积与总面积的比值来确定自然资本的存量大小。然而，这种方法存在一些困难。例如，如何选择适当的保护区来计算自然资本存量，以及单纯依赖自然保护政策的目标实现来确定保护区可能缺乏科学的理论基础等。因此，这种方法主要适用于评价某些关键和集中少数的自然资本，若评价整体自然资本的丰富程度则可能有些粗糙。

对于本课题成果的研究来说，我们只考虑研究对象——欠发达地区民族地区所拥有的自然资本，由于乡村对于自然资本的利用主要体现在土地上，特别是粮食种植面积上，因此本书对于欠发达地区民族地区的自然资本概况仅限于土地自然资本。

5.5 自然资本核算的意义

自然资本所赋予的生态系统服务，对于维系人类福祉具有不可估量的重要性。准确衡量自然资本，不仅有助于评估人类利用自然资源所创造的福祉规模，更是理解人与自然和谐共生关系的关键。生态系统服务，作为自然资本存量中材料、能源与信息流的综合体现，与制造业和人力资本服务紧密交织，共同构筑起人类福祉的基石。尽管 Robert 等人设想，在高度人工化的“空间殖民地”中，或许能在无自然资本与生态系统服务的情境下实现某种程度的人类福祉，但这种设想因其实现难度与概率之低，往往难以引起广泛关注。实际上，一个更为实际的视角是，通过估算在技术构建的封闭生物圈中复制这些生态系统服务的成本，来间接衡量其价值。亚利桑那州的载人航天任务及著名的生物圈二号实验，便深刻揭示了这一过程的极端复杂性与高昂代价，凸显了地球——这一自然生物圈作为人类生命支持系统的高效与不可或缺。零自然资本即意味着零人类福祉，因为纯粹依赖“非自然”资本全面替代自然资本在现实中几乎不可行。无论是制造资本还是人力资本的发展，均深深植根于自然资本之上。因此，探讨自然资本对人类福祉的总体价值，或特定形式自然资本的具体价值，实则无须赘言其重要性，正如询问地球对人类的价值，或岩石土壤作为支撑体系的价值一样，其答案无疑是无限且深远的。然而，聚焦于自然资本与生态系统服务在数量与质量上的具体变化如何影响人类福祉，则显得尤为迫切与重要。这些变化，无论是全球尺度上大气成分微小变动引发的气候巨变，还是局部地区森林结构重大调整对生态系统及人类活动的深远影响，都深刻揭示了自然资本细微变动与人类福祉之间的紧密联系。

综上所述，通过科学核算自然资本存量，不仅能够评估一个地区绿色经济的发展现状与潜力，还能为乡村及区域产业规划提供有力指导，确保发展路径既符合生态规律，又能有效促进人类福祉的持续提升。

5.6 14个欠发达地区民族地区土地自然资本概况

由于本书主要研究欠发达地区民族地区的乡村振兴战略，自然资本作为生计资本的一部分，对于乡村贫困减少和乡村振兴具有重要意义，因此本书需要对欠发达地区民族地区的自然资本进行简单概括。然而民族地区的自然资本难以准确统计，本书仅从侧面对14个欠发达地区民族地区的自然资本进行评价。虽然自然资本对于乡村振兴具有重要作用，但实际上对乡村产生经济价值的自然资本主要是被人类利用的耕地、林地、水资源等。因此，本书在对欠发达地区民族地区自然资本估算时，只侧重于对已经人为利用的自然资源丰富程度进行评价，更注重人对自然资本的利用产生的经济价值，这也是乡村振兴的主要途径，即利用自然资本发展地区经济。而目前乡村对自然资本的利用主要与土地相关，能够直接给乡村居民带来经济价值的主要是农业种植业，因此本书对欠发达地区民族地区自然资本的度量只选择与农业相关的指标，以粮食种植面积和粮食产量来评价欠发达地区民族地区对乡村土地自然资本利用的程度。这样不仅可以体现出欠发达地区民族地区的农业发展状况，而且可以通过了解农作物特别是粮食种植面积来评价欠发达地区民族地区的土地资源丰富程度，在一定程度上可以体现各地区被利用的土地自然资本的大小，对欠发达地区民族地区农业生产的相关政策制定具有一定的参考价值。

表5-1显示出2018年14个欠发达地区民族地区粮食种植面积和

粮食作物产量。从表中数据可以看出，14 个欠发达地区民族地区中，粮食种植面积较多的地区主要集中在大别山区、秦巴山区、武陵山区和大兴安岭南麓山区，粮食种植面积较少的地区分别是西藏自治区、新疆南疆三地州和四省藏区。所有欠发达地区民族地区中，粮食产量排名在前三位的分别是秦巴山区、大别山区和大兴安岭南麓山区，粮食产量排名后三位的地区分别为西藏自治区、新疆南疆三地州和四省藏区。

表 5－1　2018 年 14 个欠发达地区民族地区粮食种植面积和粮食作物产量

序号	欠发达地区民族地区	粮食种植面积（万亩）	粮食产量（万吨）
1	六盘山区	5090.77	1544.01
2	秦巴山区	8719.56	4810.07
3	武陵山区	6619.49	2926.65
4	乌蒙山区	3306.73	1776.70
5	滇桂黔石漠化区	3098.71	1605.83
6	滇西边境山区	2362.07	965.62
7	大兴安岭南麓山区	5533.12	4134.42
8	燕山—太行山区	3873.75	1151.28
9	吕梁山区	2943.23	839.79
10	大别山区	11747.27	4732.20
11	罗霄山区	2188.01	1394.66
12	西藏自治区	402.80	104.40
13	四省藏区	1528.90	443.78
14	新疆南疆三地州	999.07	422.75

为便于直观查看，将表 5－1 数据（地区序号同表 5－1）绘制成图 5－1，图中所展示的 14 个欠发达地区的土地种植面积与粮食产量数据，为衡量这些区域土地自然资本的多寡提供了直观的视角。一般而言，农业粮食的种植面积与乡村的规模呈正相关趋势，即粮食种植面积越大，意味着该地区对土地的利用程度越高，从而反映了乡村土地自然资本的相对充裕性。然而，在评估土地的经济价值时，单纯依赖种植面积的大小是不够全面的。更为关键的是要考量土地的利用效率，这可以

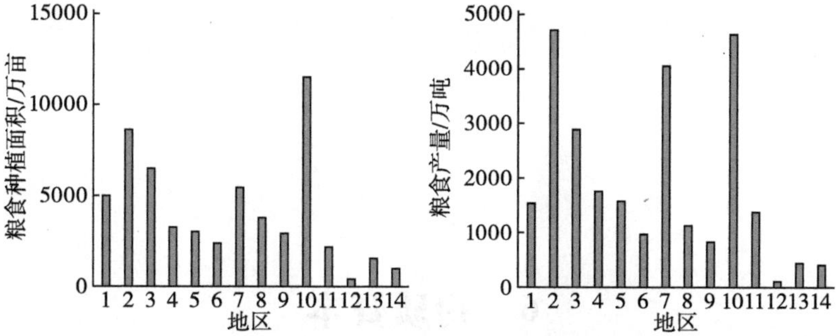

图 5－1　2018 年 14 个欠发达地区民族地区粮食种植面积和粮食作物产量

通过单位种植面积上的粮食产量来量化，即产量与种植面积之比。该比率越高，则表明土地自然资本的产出效率越卓越，其蕴含的经济价值也更为显著。这种高效的土地利用不仅有利于推动农作物种植业的蓬勃发展，还为相关政策制定者提供了宝贵的参考依据，以指导如何通过优化土地资源配置来促进经济社会的可持续发展。

值得注意的是，尽管上述分析具有重要意义，但受限于当前数据的可获得性，本文未能就土地自然资本的具体利用效率及其影响机制进行更为深入的探讨。因此，本文仅从土地种植面积与粮食产量的角度出发，对欠发达地区及民族地区土地自然资本的大致状况进行了初步概括，旨在为未来的深入研究奠定一个基础性的框架。

6 物质资本

6.1 物质资本概念的提出

生存，是人类最基本的需要。对于人们平时的衣、食、住、行来说，生计资本是必不可少的。因此，生计资本是一种人类为了满足自身生存所必需的资源，同时生计资本也是社会发展必要的资源。早在20世纪80年代，罗伯特·钱伯斯便对生计资本进行了阐述。自此，一些发展机构便开始使用“生计”这一概念，生计的概念也被广泛应用于实践上的指导。

目前，国外对生计的定义有多种。Chamber将谋生定义为“一种基于能力、活动和资产的谋生方式”。Scoones指出，生计是一个涵盖广泛活动的概念，它不仅涉及个体在日常生活中发挥自身能力，还包括了对物质财富和社会资本的积极拓展，这些共同构成了生计的全面范畴。在纳列什和乔纳森的文章中，生计被定义为“在一系列物质策略的基础上形成的系统概念，在主体对财产、权利和生计掌握的基础上实施”。Ellis和Chamber都对生计进行了界定，从多元化的角度分别进行了阐述。Ellis认为，生计是指主体在拥有一定资产的背景下，通过获得物质、社会资产和自然资源等多种渠道来满足其生活所需的过程。Chamber的界定获得了广泛认可，该定义深刻揭示了主体在追求生计过程中，其选择能力与自身所拥有资产量之间的紧密关联性，同时，它也是衡量主体如何有效运用资产及把握潜在机遇能力的重要标尺。这一观点不仅凸显了资产作为生计策略基石的角色，还强调了主体能动性在资源转化与机会利用中的核心作用。

可持续生计指的是“当需要某种生计的要素时，这种生计是可持续的，并且能够承受压力、恢复生命力”。在生计资本的分类上，Scoones在考虑实证调查可行性的基础之上，运用了经济学的相关理论，将资产分类为社会、金融、人力以及自然四个方面。国际发展部进一步将金融资本划分为物质资本和金融资本。由此可以认为，可持续生计资本是由自然资本、实物资本、金融资本、人力资本以及社会资本五部分组成的。本书参照DIFD（2000）的分类标准，将民生资本划分为自然资本、人力资本、物质资本、金融资本和社会资本，从这五个方面对14个欠发达地区民族地区农民的生计资本状况进行了调查，并针对其贫困脆弱性展开了讨论。在实际的研究中，不可能收集到关于农民生计资本的所有信息，而且其中一些信息存在较大的失真，因此基于多年的调查经验和不同调查点的具体情况，我们主要调查那些易于收集、信息准确性高、能够更好地描述欠发达地区民族地区农民生计资金状况的指标。

1952年莱格·诺克斯在其著作《不发达国家的资本形成问题》中提出了贫困的恶性循环理论，即在发展中国家或地区，贫困长期存在并引发了一个恶性循环的系列现象，关键原因是资本形成的不足。类似的观点也在纳尔逊1956年的著作中被提出，他认为低水平均衡陷阱是发展中国家在人均国民收入上的困境，只有通过资本形成才能打破陷阱。Scoones（1998）指出，农户的生计策略能力取决于他们拥有的物质资产、社会资产、有形资产和无形资产。因此，欠发达地区民族地区要实现可持续的资本形成，需要重视物质资本的建设，包括日常生活所需的基础设施建设和生产工具。

6.2 欠发达地区民族地区的物质资本现状分析

6.2.1 欠发达地区民族地区的物质资本概况

可持续生计是指个人或家庭所拥有和取得的资产、能力和创收活动的集合，可用于维持生活和改善长期生活条件。它主要用来分析扶贫等项目，通过分析哪些因素影响了贫困家庭的可持续生计，探讨如何摆脱贫困或防止已摆脱贫困的贫困人口重返贫困。民生资本是指人们维持基本生活和获得可持续生计所需的各种资源和能力。其中，物质资本是民生资本的基础，包括满足人们基本生活需求的物质资源，如住房、供水、供电等。此外，物质资本还包括影响人们生活质量的方面，如空气质量、交通状况、垃圾处理等。由于欠发达地区民族地区之间有不同的自然环境、生产方式以及民间传统，检查所有欠发达地区民族地区资本状况存在一定的困难，因此本章将主要检查相对容易收集，信息准确，能够集中反映全国区域农民生计资本状况的极差指标，包括房屋结构、房屋面积、耐用消费品、水电供应、农业设备、养殖面积、畜牧业数量、空气质量、交通状况、垃圾处理等。

基本民生需求的实现，意味着欠发达地区民族地区的农民能够过上正常的生活，这不仅是维持生活的基础，也是衡量可持续生计的基本指标。欠发达地区民族地区与其他地区在物质资本方面存在较大差距，不同民族地区在物质资本方面也存在巨大的差距。随着精准扶贫、乡村振兴等一系列政策的实施，部分欠发达地区民族地区农民的基本生活得到了有效满足，生活质量提升成为衡量物质资本积累成效的重要指标。一些偏远封闭的欠发达地区民族地区，物质资本十分贫乏，民生资本十分脆弱，抵御外部冲击的能力也非常薄弱。对于不同欠发达地区民族地区物质资本的现状，政策的制定方向也应有所不同。在住房方面，住房条件普遍较差，大部分房屋建在山上，材料多为石木结构，安全性低，院落破旧。尽管一些欠发达地区民族地区保持当地传统民俗，但不少农民反映，这些传统住宅已经无法满足现代生活的需要，如房间数量不足、沐浴设施欠缺等，经济条件的限制成为改善住宅条件的最大障碍。在交通与通信方面，要改变交通不畅、信息闭塞的境况。欠发达地区民族地区交通便利、通信通畅会在很大程度上促进农民与外界的沟通。在空气质量方面，改善空气质量对于农民的身体健康至关重要，因为他们的生计和生活环境直接依赖于大气环境。尽管我国是农业大国，但对农村空气质量的监管仍有待加强。为了帮助农民保持健康并提高其生活质量，我们需要采取重要的措施，加强监管力量，优化空气质量。此外，加强农村垃圾处理体系建设也是改善农村生态环境，提升空气质量的基础性工程。

6.2.2 欠发达地区民族地区物质资本现状分析

欠发达地区民族地区的农民面临物质资本短缺的问题，主要表现在以下几个方面。第一，由于地理环境复杂，基础设施建设难度大，特别是在交通联系较少、现有道路老化的落后县乡地区，农民很难获得足够的物质资本支持农业生产和日常生活。第二，随着人们对美好生活的需求的不断增长，物质生产资料的缺乏已经成为制约当地经济和社会发展的突出问题。第三，制度的不健全显著制约了农民物质资本的积累。在一些偏远少数民族地区，农业生产所必需的关键资料，如化肥、农具、种子等普遍面临供给不足和保障缺失的问题，这极大地阻碍了农民的生产活动，影响了他们的生活质量。

6.3 改善欠发达地区民族地区物质资本匮乏的对策

为了改善欠发达地区民族地区物质资本匮乏的现状，应整合社会力量和资源以促进经济发展，提高农户的生活质量。针对欠发达地区民族地区的农村物质资本的完善，必须实施全面而细致的资源配置统筹策略。

第一，优化道路交通网络。为推动欠发达地区及民族地区的经济蓬勃发展，首要任务是改善道路交通状况。交通作为区域经济发展的命脉与减贫的关键杠杆，其重要性不言而喻。国家已出台扶贫交通专项规划，旨在强化贫困地区交通基础设施建设，提升区域间的连通度与基础设施整体水平，从而激发经济活力，加快脱贫攻坚步伐。在此基础上，需深化相关理论研究，为交通建设提供科学依据与合理指导，确保项目实施的可持续性，最大化社会经济效益。有学者通过定量分析 14 个欠发达地区民族地区的公路网络结构，强调了提高公路密度与交通优势度对区域经济的显著促进作用。特别是针对武陵山区等特定区域，研究揭示了交通可达性对经济发展的直接影响，进一步明确了交通发展在贫困地区脱贫进程中的核心地位。因此，应着重加强民族地区东西南北主干道的省际、城际互联互通，同时，也不应忽视民族村寨间“毛细血管”式的道路建设，力求构建全面覆盖、高效便捷的交通网络。此外，还需合理考量建设成本，针对地理环境恶劣、建设难度大的地区，应采取搬迁安置与后续扶持并举的策略，确保民众生活质量与福祉。

第二，提升农民居住环境质量。针对欠发达地区民族地区农户的居住条件改善，需综合考虑地域特色与现实需求。这些地区房屋既有民族传统的独特风貌，也面临着现代化进程中的诸多挑战。随着经济社会发展，老旧房屋逐渐无法满足现代生活需求，而经济条件又限制了改造升级的可能性。加之劳动力外流导致的农村空心化、老龄化问题，使得村寨面貌呈现出传统与现代交织的复杂景象。政府应多措并举，一是制定并实施住房改革政策，为贫困家庭提供住房补贴，减轻其经济负担；二是提供资金与技术支持，鼓励并协助农户进行住房维修与改造，保留民族特色同时提升居住品质，确保农户住有所居、居有所安。

第三，强化医疗保障体系。尽管精准扶贫与乡村振兴战略的深入实施，使得多数欠发达地区民族地区的医疗条件有所改善，但偏远少数民族地区仍面临医疗资源匮乏、医护人员专业能力不足等问题。医疗卫生是关乎民生福祉的基石，确保每个村庄都拥有专业的医疗机构与从业人员，是保障民众健康权益的基本要求。因此，需持续加大投入，优化医疗资源配置，加强医护人员培训，提升服务能力与水平，确保每位居民都能享受到及时、有效的医疗服务，守护好人民群众的生命健康防线。

7 人力资本

7.1 人力资本概述

7.1.1 人力资本的定义

人力资本理论是由美国学者舒尔茨提出的。人力资本通常是指存在于人体之中的能够产生经济价值的知识、技术和体力等。人力资本理论的核心观点包括：一是人力资本在经济增长中有着重要作用，甚至会产生大于物质资本的作用；二是借助教育投资可以提高人口素质，进而发挥人力资本的积极作用。

人力资本与物资资本、货币资本等传统意义上的一些硬资本相比，最为重要的一点是其有着相对较大的价值增长空间。在历史发展的进程中，人力资本发挥着越发重要的作用，尤其是随着后工业时期和知识经济时代的到来，人力资本必将得到更为明显的价值提升，实现价值的增长。人力资本的显著特点是创新、创造性，有着促进市场资源有效配置以及调整公司经营管理战略布局等优势，对人力资本进行科学合理的投资，必定会为经济的繁荣与发展作出突出贡献。

7.1.2 人力资本与农村经济增长的关系

1. 与直接农业产出关系

农村人力资本作为推动农业经济发展的核心驱动力，其投入与发展对于促进农村产出的稳健增长具有不可估量的价值。在农业生产力提升与经济发展的广阔图景中，生产要素的增量投入及农业生产率的显著提升扮演了至关重要的角色。生产要素的增量，涵盖劳动力、土地资源、先进农机设备、优质作物品种及高效农药化肥等全方位要素的持续注入，然而，面对我国农业资源相对有限的现状，单纯依赖资源增量的道路显然难以为继。因此，将战略重心转向农业生产率的深度挖掘，尤其是人力资本的作用发挥，成为实现农业又好又快发展的关键所在。

人力资本的提升，通过以下几个维度有效促进农业生产率的飞跃：

（1）农村人口素质的提升

农村人口素质的提升是人力资本增值的基石。随着农民教育水平的提升，他们对生产效率的认知更为深刻，能够更为主动、科学地规划农业生产布局，实现与市场需求的精准对接，推动农业生产向专业化、市场化转型。在现代农业体系中，生产要素的高效配置成为提升农业生产率的关键，而这一切离不开高素质的农业劳动力。

（2）农业科技与机械化水平的飞跃

随着科技进步，现代农业机械设备广泛应用，对劳动力素质提出了更高要求。农村人力资本的不断积累，促使农民通过教育培训、自主学习等途径提升技能，以适应高技术水平下的农业生产需求，从而实现高效、大规模的农业生产。

（3）城乡二元经济结构下的劳动力优化配置

在城乡差距的推动下，虽然农村劳动力流失带来一定挑战，但通过提升农村人力资本水平，能够增强农村劳动力的市场竞争力，促进具有人力资本优势的劳动力向城市有序转移，缓解农村就业压力，同时带动农村内部资源的重新配置，提升农业生产效率。

此外，人力资本的积累还通过“溢出效应”促进农业技术创新与扩散，激励其他农户模仿、改进并应用于实际生产中，形成良性循环，整体提升农村农业生产水平。

然而，城乡二元经济结构也带来不容忽视的负面影响，特别是城乡收入差距的扩大和劳动力单向流动，加剧了农村老龄化、劳动力短缺及人力资本质量下降等问题，对农业经济发展构成挑战。

综上所述，农村人力资本的投入与积累对农村经济及生产效率的影响具有双重性，其结果取决于正负效应的相对强度。因此，在推动农村人力资本发展的同时，需综合施策，平衡城乡发展，确保人力资本成为农业经济发展的强大助力。

2. 与非农收入关系

农村居民的非农收入，主要源自他们在城镇从事的劳务活动，这一趋势正逐步成为家庭收入结构中的核心支柱，也是推动农村群体摆脱贫困、迈向小康生活的关键路径。自20世纪90年代以来，国家政策的开放促进了城乡间人口的自由流动，大量农村劳动力涌入城市，不仅加速了城乡劳动力市场的融合，也加剧了市场竞争，而决定农村劳动力收入与机遇的核心要素，正是其个人素质与能力。

首先，人力资本的累积对农村居民的非农就业及收入增长具有显著的推动作用，是农村减贫脱贫的重要驱动力。这主要体现在两个方面：一是通过利用现有教育资源，农村居民能够提升自我素质与专业技能，为在城市中争取到优质就业岗位奠定坚实基础，进而在工作中发挥更大价值。二是教育还能打破农村的传统束缚，拓宽农村居民的视野，激发其创新思维与学习能力，使他们在工作中展现出更高的创造力，从而推动劳动生产率提升。因此，具备较高素质和文化水平的劳动力，不仅为农村居民开辟了非农业部门的工作机会，还显著提升了其收入水平。

其次，人力资本的持续积累为农村居民的创业之路铺设了基石。一方面，部分有创业意愿但资金不足的农村居民，可通过非农就业积累的经验与收入作为创业启动资金，同时带动同村居民就业，实现共同富裕。另一方面，早期积累的非农工作经验与资金，结合教育提升的个人素质与专业技能，进一步拓宽了创业者的视野与思路，增加了创业成功的可能性。

另外，人力资本的积累还促进了农村劳动力稳定、长期地向城市转移。随着文化水平的提升与专业技能的增强，农民对非农工作的适应性增强，更倾向于在城市及非农业部门就业，就业选择范围也随之扩大。同时，劳动力的流动本身就是人力资本积累的一种方式，通过实践与学习不断提升自我，为长期在非农业部门稳定就业与增收创造了条件。

综上所述，农村地区人力资本的持续积累，不仅加速了劳动力向非农业部门的转移，还极大地促进了农村劳动力在非农业领域的就业与收入增长，为农村经济的全面发展注入了强劲动力。

7.2 人力资本积累的现状与问题

7.2.1 农村人力资本现状

1. 数量大、素质偏低

随着我国经济社会的不断发展，城镇化水平不断提高，大量的农村人口转移到城镇之中。从总体数量来看，2010—2017 年农村人口数量由 6.71 亿下降到 5.77 亿，下降了 14.01%；从城乡人口比重来看，2010—2017 年农村人口的比重由 50.04% 减少到了 41.48%，减少了 8.56%；从农村就业人数来看，到 2016 年底，农村就业人口占农村总人口的 60% 以上。由以上数据可以看出，我国农村劳动力数量仍旧较多，人力资源较为丰富。

近年来，我国政府对教育越来越重视，政府一直在增加对教育的投资，并逐步提高了农村教育的投资水平，但是长期存在的城乡二元结构以及教育政策中隐含的“城市偏向”，成为制约农村教育事业快速发展的关键因素。在预算内教育事业费用支出方面，我国农村小学、初中的平均费用支出均达不到我国整体教育事业费用支出的平均水平，且两者之间的差距在不断扩大。2010—2016 年，农村小学在预算内教育事业费用支出与全国平均水平相比，从相差 209.6 元增加到了相差 311.89 元，初中的差额则从 317.89 元增加到了 938.64 元。

义务教育作为我国教育体系之基石，历来是国家教育发展的战略重点之一。然而，长期以来，农村义务教育的投入不足与资源配置的不均衡，导致农村学校在基础设施建设、教学资源配备等方面与城市学校之间形成了显著的鸿沟。这一差距，自孩童踏入小学校门之初便悄然显现，并随着个人成长的轨迹逐渐加深，不仅影响着农村居民的受教育年限普遍短于城镇居民，更在深层次上造成了人力资源质量的显著差异。

国家统计局权威数据显示，当前我国从事农业生产的人口群体中，初中及以下学历者占比高达 91.7%，而拥有高等教育背景的比例则不足 2%。这一数据直观反映了农村人力资源虽数量庞大，但学历结构偏低的现状，这无疑成为农村经济在转型升级与可持续发展道路上前进的瓶颈。

2. 农村空心化现象严重

农村人力资本的投资受到了诸多因素的限制，其中重要的一点是收入因素。相对于城市来说，主要从事农业生产活动和与其相关的产业活动的农村居民收入普遍较低，且农村基础设施不完善、环境条件较差等，使得具有人力资本优势的劳动力不愿留在农村或不愿向农村地区转移。近年来，随着农村经济的逐步发展，从事农业生产的农民的收入有了一定的增长，但农村经济发展仍旧落后和农村人力资本质量较低的现状制约了农村生产活动的进一步发展。同时，一些如“读书无用”等保守落后的思想也影响着农村地区的发展，对这些地区人力资本的投入构成了显著阻碍，导致劳动力积极性与主动性不高，整体素质提升缓慢。与此同时，城市“虹吸效应”越发显著，吸引了大量农村居民涌入城市，进一步加剧了农村地区人口外流现象，给其经济社会发展带来了前所未有的压力与挑战。

我国农村人口数量庞大，但是劳动力质量普遍不高。根据 2016 年农业部的数据，我国农村实用人才总数不足 2000 万，仅占农村总就业人口的 5% 以下。我国制定了一系列扶持“三农”的政策，目的在于加快农业现代化的进程，为农业生产注入更多活力与动力。但我们也应看到，农村在基础设施和公共服务等方面与城市之间存在较大的差距，这一现实导致许多具备一定素质的劳动者前往城市并长期定居，使人力资本不断向城市聚集。大量掌握专业技术、懂得经营、勇于奋斗的农村青壮年劳动者涌入城市工作，导致农村地区老龄化、空心化等现象明显，个别地区的情况尤为严重。这不仅使农村人才数量和质量受到了较大冲击，还造成人才后备力量的匮乏。这种人口结构问题在很大程度上制约了农村地区的进一步发展。

3. 人力资本分布结构不合理

当前农村地区人力资本分布结构上的欠缺体现在以下三个方面：一是农村人口受教育的层次结构不合理。我国农村劳动力中具有大专及以上学历的人口比例极低，人口受教育的层次主要集中于初中及以下学历，导致人力资本学历结构的不均衡。二是农村人力资本在产业结构分布上存在不合理之处。农村以第一产业为主导，故人力资本也集中在第一产业，同时在公共服务、农村管理治理等方面的人力资本尤为匮乏，影响了农业现代化的发展。三是农村人口中知识层次的结构性差异显著。由于受教育层次结构的不合理，大部分农村劳动力知识层次有限，受教育年限较短，文化程度较低，他们在学习先进的科学技术知识时面临一定的困难，从而在一定程度上限制了农业现代化生产的发展。

7.2.2 农村人力资本配置问题

当前国家大力推进乡村振兴战略的实施，人力资本在其中将发挥重要作用，但是我国农村地区人力资本的积累和配置存在以下几个问题。

1. 乡村教育落后

在我国教育体系中，农村教育体系仍旧是薄弱的一环，不利于人力资本的有效积累。从我国农村地区人力资本的供给来看，人力资本积累难以满足乡村振兴的需要，农村教育体系的滞后和教育资源的不足直接制约了农村劳动力人口整体素质的提升。我国教育资源明显呈现出城镇化集中态势，农村学生也倾向于向城镇教育资源靠拢，导致农村地区教育规模持续缩减，教育质量也随之下降，难以完成基础教育任务。同时，部分农村地区在技能培养上也向非农业部门转移，不再局限于农业农村领域，导致农业农村方面的专业性人才短缺，难以满足农业现代化推进过程中的实际需要。相对落后的农村教育成了制约乡村振兴战略深入实施的关键。

2. 乡村人力资本回报相对偏低

通过对人力资本的投资可以获得相应的回报，并促进人力资本的合理配置，但人力资本多集中于城市，无论是在数量还是质量上，流向农村的人才都比较少。在社会经济发展的初期阶段，当农业经济占主导地位时，生产力的提高主要依赖于生产要素数量上的增加，尤其是对劳动力的依赖，在这一阶段，人力资本在农业经济模式下无法发挥其重要作用。随着经济发展进入工业化阶段，工业化进程不断推进，对人力资本的需求也随之增加。在工业化时代，人力资本带来的回报较农业经济阶段明显提高，这进一步促使人力资本向工业部门流动并积累。自我国改革开放以来，大量劳动力由农业部门转移到非农业部门。同时教育在农村人口转移到城市的过程中发挥了重要作用，城市拥有更为优越的教育资源，可以带来更高的教育回报率，这成为激励农村居民向城市转移的重要因素。农村地区大量的剩余劳动力转移到城市中的非农业部门就业，不仅提升了他们的生活水平，也为城市经济的发展作出了重要贡献，但同时导致了农村地区人力资本的匮乏以及农业生产效率的下降。城乡二元结构加剧了农村和城市在社会公共服务、劳动力市场等方面的差距，使人力资本向农村地区配置较难，机会成本较高，难以实现农村地区人力资本的有效、合理和科学配置。

3. 农村信息不完全并且基础建设不完善

人才的配置受到劳动力市场半径的制约，其中，农村劳动力市场与城市劳动力市场在半径上存在显著差距。配置能力作为一种在经济非均衡状态下具备高度市场价值和回报率的能力，其发展程度越高，越能在经济不平衡中发挥充分作用，为劳动者带来相对丰厚的回报。然而，在当前的乡村振兴进程中，我们面临着一系列挑战，包括基础设施建设滞后、公共服务供给不足、农村市场体系不完善等。特别是由于资金、技术和人才等方面的限制，农村信息基础设施建设相对滞后，严重制约了农村经济的发展。

信息技术在农业现代化中发挥着重要作用，有助于生产要素在农业生产中实现更高效利用，从而提升农业生产率。具体而言，信息技术可以促进农业科技在农业生产中的广泛应用和传播，有效降低农业科技的推广成本；同时，信息技术在农产品市场中的应用能够降低供求双方的信息沟通成本，减少信息不对称造成的经济损失。此外，信息技术最为突出的作用在于对生产要素的高效配置，有利于农业生产要素的科学合理配置。值得注意的是，农业信息化的发展存在一定的门槛。在人力资本水平较低的条件下，农业信息化对农业生产率的提升作用并不显著。然而，随着人力资本的不断积累，当农村人力资本达到一定程度时，农业信息化将显著促进生产要素在农业生产中发挥更加积极的作用，并且这种作用将不断增强。

4. 社会治理现代化水平不高，人才发展制度不完善

乡村治理工作的根基在农民、力量在农民。但随着城市化进程的推进，农村人力资本向城市转移的现状在一定程度上限制了农村的发展，而农村教育水平落后、资金匮乏、基础环境较差等因素进一步制约了农村治理水平的提高。所以，如何破解这一难题，增强人力资本的积累，吸引并培养人才，优化人才成长环境，是当前乡村振兴战略能否有效施行的关键所在。近年来，党和政府陆续出台了一系列政策，鼓励和支持人才到农村基层就业，以改变农村人力资本的现状，进而改善农村社会治理环境。

关于引导高校毕业生到农村基层就业的政策早在2000年就已出台，但那时候高校毕业生人数较少，尚不能满足城市需要，故尽管有政策性支持，但实际上流向农村地区的高等人才规模很小。党和政府高度重视“三农”问题，为了满足农村基层对人才的需求，政府推出了大学生基层就业政策。随着我国高等教育的快速发展，大学生数量的不断增加，应届毕业生就业难的问题逐渐凸显，并已经成为迫切需要解决的社会问题之一。同时，随着各地经济的发展，尤其是边远地区和农村基层对人才的需求越来越强烈，引导应届毕业生到边远地区、农村基层等条件较差的地区就业成为解决就业难问题的重要举措之一，这有助于建立符合社会主义市场经济发展需要的面向基层的长效就业机制。2005年国家出台了《关于引导和鼓励高校毕业生面向基层就业的意见》，明确提出要有计划地选派高校应届毕业生到农村基层服务，开展“三支一扶”工作。大学生“村官”政策在推行的过程中显现出各类问题，如待遇

较低、工作开展比较艰难、专业不对口等，这些问题解决起来又比较困难，使得这部分大学生在工作中对未来充满迷茫和困惑，也对大学生“村官”政策的有效推广产生了不利影响。党的十八大以来，党和政府将重点聚焦于乡村发展中的人才要求方面，2016 年出台的《关于进一步引导和鼓励高校毕业生到基层工作的意见》指出，培养人才必须与坚持服务基层相结合，政府推动不能脱离市场主导；同时，坚持政策支持与完善服务也要做到相辅相成。

5. 农业科研经费投入低，内生能力差

在农业经济发展的过程中，农业科研事业和农业生产之间严重脱节，主要是由于农业科研经费投入不足，人力资本积累不足，人才队伍建设比较欠缺。农业科研的成果主要是由论文和著作的数量和质量来衡量的，至于能不能与农业生产相结合，能不能实现科技成果的转换则不是评价衡量的重点，这使得农业科研远离了实际的农业生产活动。专注于学术研究的科研向来比实用型科研更受重视，与实际农业生产工作联系紧密的实用型科研的地位低于学术型科研的地位，农业科研事业的重点、方向出现了偏离。

农业实用型科研可以分为有效发明专利、专利所有权转让及许可数和形成国家或行业标准数，其中有效发明专利是农业科研评审考核的重点。然而长时间以来对实用型农业科研和学术型农业科研之间的重视程度相差较大，使得整个农业科研事业与农业生产活动相分离，并不能较好地促进农业生产效率的提高，所以建立一套科学合理的科研评价机制，对农业科研事业的健康持续发展有重要作用。我国现在已形成了较为全面的农业技术推广体系，县、乡两级的体系是重点所在。在这两级农业技术推广体系的建设中也出现了人才队伍人员流失等问题，科研与农业生产活动的脱节现象仍旧严重。

6. 现代农业技能培训少，缺少后发力量

当前农业发展的重点之一是为现代农业的发展培养一批新型农民，即有专业技术、懂得农业经营等的适应农业现代化发展需要的农民。我国应当重视对农民职业教育和技术能力的培养，加大对新型农民培养教育上的投入，促进农村劳动力素质和农业技术能力的提高。但是新型农民在接受教育培训过程中主要存在以下两点不足：

一是农民接受的农业技能专业教育培训和非农业教育培训有限，大多数农民没有接受过专业教育培训。根据相关调查研究，在2016年、2017年两年里仅有32.7%的农民接受过专业的职业技能培训，包括农业和非农业的教育培训。这说明当前真正接受过农业专业技能培训的农民数量较少，难以满足当前农业现代化发展的需要。另外，本地农民工和外出农民工在接受专业培训上也存在差距，外出农民工接受农业专业技能培训的比例超过了本地农民工。这与两者所处的外在环境不同有关，外出农民工周围教育培训环境好，可以比较容易地接受一系列培训教育；而本地农民工接受教育培训的机会少且兴趣不足，农村基层对农民农业专业技能的培训等重视程度不够且容易忽略，这就导致了本地农民工素质水平较低、就业范围较窄等。二是提高当前符合农业现代化、产业化发展需要的职业教育培训的质量和规模。近年来，尽管我国各级都实施了许多针对农民教育培训的项目，但其中真正能够提高农民农业专业技术能力以及非农业技术能力的培训不足，培训的质量普遍不高，难以使农民农业技能得到本质上的提高。教育培训的不足使农村劳动力技能水平难以满足就业市场的需要，只能从事一些体力劳动，获得的收入也相应较低。

农业的生产发展、农民生活质量的改善、文明乡风的建设都对农民教育培训提出了更高的要求，农村经济的持续发展更需要农民文化素质及技术能力的有效提升，从而为建设社会主义新农村奠定良好的基础。

7. 乡村创新创业环境欠缺

我国城乡之间在收入、基础设施配置、公共服务等方面都存在较大差距。农村地区人才评价机制不够完善，真正有能力、对农业生产有实际贡献的人才不能被筛选提拔出来。同时，我国高等教育培养出来的农业人才，尤其那些具备专业知识和技能的毕业生，很难参与到农村基层的生产实践中，农村地区人才缺乏现象严重。与此同时，农村地区创新环境与城市相比也存在较大差距，导致农村整体创新创业环境欠佳。

7.3 优化人力资本配置，助力乡村振兴战略

目前，我国农村地区人力资本在投资积累等方面存在严重不足，部分地区人力资本甚至出现了负增长，农村地区的人才大量流向城市，而留在农村的人才整体素质偏低，在农村经济发展中起到的作用十分有限。乡村教育质量低、缺乏现代化农业生产技能的培训，以及制度层面的不完善等都是制约乡村振兴的关键。因此，加大对人力资本的投资力度是推动农村经济持续增长的重要途径，能够为乡村经济的发展注入持久动力。在乡村振兴战略的大背景下，欠发达地区民族地区可以通过以下几个方面来提高人力资本水平，进而实现地区经济的增长。

7.3.1 加大人力资本投资，提升人口素质

提高农村地区的人力资本水平，最有效、最快捷的途径就是增加对农村人力资本的投资。研究发现，农村的人力资本存在门槛效应，当人力资本低于一个 Q 值时，人力资本对收入影响不大，但超过这个 Q 值影响就变大了，并且结果显著，具有可信度。对人力资本的投资既是向农村地区基础教育和职业教育的投资，也是向医疗卫生、精神文明建设等的投资。长期以来，我国在社会经济的发展中较多地忽视农村，大部分的物质、人力投向了城市，在人力资本上的投资也是如

此，导致农村地区在教育、医疗等公共服务以及交通、网络等基础设施建设方面与城市存在明显的差距。人力资本的投资过程中人才待遇、人才投入等方面同样差距明显，这也是农村地区人力资本较为薄弱的重要原因之一。各级政府应当重视对人力资本的投资，提高对人力资本在促进农村经济发展中起到积极作用的认识，制定更为合理有效的人力资本政策。

7.3.2 建立人才引进机制，防止人才流失

人才引进，最重要的就是为人才提供相应的保障。国家应当加大对农村地区的教育投入，尽可能地将优质教育资源引入农村地区，如高水平的教师等，使农村学生享受到这些有利于自身成长的教育资源。国家可以通过各种政策引导和鼓励优秀教师到农村教学，支持和发展农村的教育事业，从而培养出适应农业现代化需要的人才队伍，提高农村地区整体的教育水平。要建立健全农村人才引进制度，使部分人才能够到农村地区工作，同时要重视农村人力资本的积累，加快闲置劳动力的合理配置。政府要发挥好信息提供者和人力资本调节者的作用，大力改善农村地区工作的环境条件，提升人才待遇，尽可能地吸引大量具有一定素质甚至高素质的人才到农村地区工作。各级政府应当根据各地的实际情况建立人才保障体系，为愿意到农村地区工作的人才提供生活上的保障，如安置住宅等。要打造农村人才市场，加快农村劳动力资源的合理配置，促进农村地区人才的流动，为实现人才分布的均衡而努力。此外，要建立健全城乡之间人才的流动机制，比如，城乡之间的教师可以流动起来，让部分城市里的教师到农村地区教学，将更先进的教育方法和理念传递到农村地区，部分农村地区的教师也可以到城市学习先进的教育教学方法等，由此加快农村地区教师队伍的建设，促进农村地区教育事业的发展。要建立健全劳动保障制度和医疗保险制度，提高社会保障水平，重点是提高农村地区社会保障水平，进而有利于农村地

区人力资本的积累，同时要对户籍制度进行改革，这有助于提高劳动的参与程度。目前许多欠发达地区民族地区的农村人口身体素质不佳，所以建立健全农村医疗保险制度十分重要。通过大力发展农村地区的公共卫生事业，可以增加人力资本存储率，也可以更好地进行人力资本的积累。

7.3.3 加强城乡联系，开辟资本流动道路

为了促进农村人力资本积累和加强农村人力资本投资，需要加强城乡联系并开辟资本流动道路。建立新型的城乡关系，促进各要素在城乡之间的双向流动，以实现人力资本在城乡之间的双向流动。这有利于农村地区人力资本的有效提高，加快农业生产中人力资本的积累，使农村地区人力资本提高与收入的提高呈正相关的关系，提高人力资本在农村减贫中的作用。

7.3.4 完善集体经济建设

要加强和完善集体经济建设，其中重要的一点就是加强合作社文化的建设。合作社文化是合作社成员普遍认可的一套思维模式，在农村地区具有较强的影响力。要加强合作社文化的建设应当做到以下几点：一是鼓励各合作社加强自己文化的建设。这有助于合作社品牌及其文化的建设，可以有效地提高劳动者的积极主动性，提高凝聚力。二是形成合作社企业家精神。加强和完善管理人才的培养，加强合作社内部的生产管理。三是加强精神文明建设。重视社员道德品质的培养，树立诚信意识等。此外，集体化是中国农业生存和发展的必经之路。

加强合作社建设是实现乡村振兴的重要手段之一。加强农村合作社中精神文明建设同样重要，可以有效增强农民的凝聚力，丰富农民精神文化生活，提高农民文化素养。

7.3.5 培养正确观念，建立激励机制

尽管农村地区的大多数农民没有较高的学历，但是他们在农业生产生活中掌握了许多实用性较强的技能，这些人应当得到充分的培养和重用。为此，在判定人才时应当转变思维，对农村人力资本的开发要更注重实用能力、专业技术而不是学历的高低，这样才能有效开发农村现有的人力资本。农村地区的相关部门要建立健全农村人力资本的挖掘机制，在人才的培养中树立并宣传正确的人才观念，帮助农民更好地进行人力资本的积累。在宣传的过程中可以采用多种灵活的方式，尽可能地激发农民群体的首创精神和农民在农业生产中的热情，提高农民的积极性。通过基层的引导、鼓励和宣传，使农民能够主动地接受专业教育和培训，自觉地进行人力资本的积累。

另外，要加强农村地区精神文明建设，弘扬社会主义核心价值观，加强自信，解放思想，培养农民的意识，推进农业现代化进程。要加强农村地区文化基础设施建设，丰富农民的闲暇生活，提高农民的幸福感，使其保持身心的愉悦，以更高的热情投入农业生产中。同时，要重视农民的精神文明建设，农民的精神状态直接影响到了农村人力资本的质量，进而影响到了农业生产活动。

农村人才在乡村振兴战略的实施过程中发挥着重要的推动者和实践者的作用，为此应该逐步地建立健全以农业发展贡献为评价标准的人才激励制度，选拔真正能够投身农业现代化建设事业的人才。在人才选拔评价上也要遵循农村人才的特点，考虑人才的不同专业、能力等，培养实用型人才，实现科研成果的顺利转化，使科研成果转化到真正服务于农村经济的发展上来。同时，要重视对人才的激励分配，提高农村人才的待遇，激发农村人才的积极性和创造性，提高农村经济发展的活力，为乡村振兴提供人力资本的充分保障。

8 社会资本

8.1 社会资本的概念

8.1.1 社会资本基本概念

美国学者帕特南（Putnam）指出，社会资本指的是社会组织的特征，如信任、规范和网络，它们能够通过促进协调与合作提高社会运作的效率。社会资本提高了投资于物质资本和人力资本的收益。当前学术界比较认可的社会资本的概念就是帕特南提出的上述概念，其他学者在对社会资本进行研究时，大多依据此概念。

帕特南的定义中将信任、规范和网络作为社会资本的三大基本要素，部分学者对社会资本要素的组成也各有看法，没有一致的结论，但大多学者在对社会资本进行研究时仍将帕特南定义的三个要素作为社会资本的基本结构要素，并在此基础上提出了自己的某些观点。社会资本以信任为重要基础，以互惠规范为主要内容，以关系网络为基本载体，从而获得社会资源。

1. 信任

社会资本三大要素中最核心的就是信任，它具有最为重要的地位。信任主要是指人与人之间的信任关系，构成了社会资本助力个人跨越难关、促进集体行动协同应对挑战的基础。要想社会资本充分发挥作用必须从增强人们之间的信任做起。信任不是一蹴而就的，人与人之间的信任感随着时间的推移，在持续的互动中逐渐累积与深化。一旦人际联系中断，信任关系便可能退化。信任有着增值性的特征，可以很好地增强内部凝聚力，使人们团结在一起，通过协作解决问题，以实现组织的既定目标。所以，社会资本最基本的要素就是信任。

2. 规范

正式规范和非正式规范是规范的两种类型，规范与社会关系网络紧密相连。规范的类型是多样的，包括道德规范、组织规范和行政规范。促进组织成员之间相互合作的规范是社会资本的重要表现形式，这些规范在微观个体层面和组织层面都得到了认可。在小集体中，个体必须服从集体意志和利益，否则会被排斥。在大组织中，规范演变为组织的统一价值观念，维护组织的稳定。规范对于社会资本的形成和稳定都至关重要，规范的力量使社会资本更加稳定。

3. 社会网络

社会网络是社会资本中重要的行动要素。社会网络有着互惠交换、价值内化、强制信任和动态团结的特点。人们在组织中的相互关系构成了人们之间复杂的社会网络，这对于面临集体困境时有着极大的帮助作用。社会网络是人与人、组织与组织之间形成的复杂的社会关系网，这样的环境对于社会资本中行动的发挥有着极大的帮助。

8.1.2 社会资本的表现形式

社会资本的表现形式具有多样性，学术界对此众说纷纭，没有一致的定论。帕特南认为，社会资本的表现形式可以分为以下三种。

1. 正式社会资本与非正式社会资本

正式社会资本是指正式组织中的社会资本。正式组织有着共同的目标、固定的组织成员、共同遵守的规范等，其产生的社会资本较为规范，是社会资本的表现形式之一。正式社会资本相对应的是非正式社会资本，两种社会资本是相对立的。非正式社会资本通常是在一些非正式活动，如私人聚会或者由有着共同兴趣爱好的人组织的社团活动中产生的。这种非正式组织既没有正式的文件规范，又没有需要强制执行的准则，是由人们自发组成的。在目标实现上，为实现某种特定目标时，非正式组织有时候会比正式组织更为高效。尽管非正式组织有着一定的优势，但是在研究中，长期以来对个案的研究还是从正式组织中的正式社会资本入手。

2. 深度社会资本与浅度社会资本

社会资本的表现形式从社会关系网络的角度分类的话可以分成深度社会资本和浅度社会资本。在社会关系网络中，有的联系是紧密的，或者说是“强联系”，而有的联系是疏松的，或者说是“弱联系”，这就产生了社会资本两种不同的表现形式，即深度社会资本和浅度社会资本。深度社会资本在社会关系网络中有着“强联系”的特点，如亲人、关系较好的朋友之间；浅度社会资本在社会关系网络中有着“弱联系”的特点，如点头之交等。深度社会资本和浅度社会资本之间通常是根据联系的紧密程度来区分的。深度社会资本存在一定的局限性，在这种情况下就需要浅度社会资本的介入。典型的是，农村合作社中假如以血缘关系来维系，会使组织的发展受到限制，浅度社会资本的加入会在其中建立严格的组织规范，使组织更加规范有序，有利于组织更好地发展。

3. 内向型社会资本与外向型社会资本

根据社会资本是向内还是向外，可以将其分为内向型社会资本和外向型社会资本。社会资本的向内指的是组织更加关注组织成员的各方面利益，而不太关心外界的看法，这种表现为利己性的内向型社会资本。外向型社会资本则是与之相反的一种社会资本。外向型社会资本的向外指的是组织更关注公共物品或公共利益，倾向于服务外部社会，其主要特征就是利他性，典型的外向型社会资本就是慈善组织。在很多人看来，外向型社会资本要比内向型社会资本更具优势，因为它被认为能够催生更多的公共物品，并在服务他人的过程中维护社会利益，但是社会资本优劣的评判，不能简单地凭产生的社会资本存量的多少来进行衡量，所以两种形式的社会资本很难说哪个较好。

8.2 社会资本功能及欠发达地区民族地区社会资本现状与理论分析维度

8.2.1 社会资本功能

社会资本对农村社会治理具有重要作用，它能够促进人与人之间的信任，增强政府与民众之间的联系，同时有助于农村居民增强契约精神和主人翁意识。

1. 降低交易成本

政府社会治理的主要特征是政府与社会之间的互动，而这种互动的质量对政府治理水平有着重要影响。政府通过制定具有约束力的各种制度去引导公众活动，从而最大限度地满足公共利益。政府治理的主体包括政府、公民、公共组织等，各主体之间相互联系。治理主体之间是否能够建立良好的互动关系，是政府能否实现有效治理的重要因素。治理主体之间的相互信任带来的是共赢，能够满足各方利益。社会民众能够在这种信任中实现与政府的有效沟通，而政府在这种信任中可以有效配置公共资源，降低社会治理成本。信任是现代社会治理中的重要一环，可以规避社会中的部分风险因素。当政府和社会民众之间建立了良好的信任关系时，会极大地降低沟通、治理成本，便于政府决策和政策的执行。此外，在双方的信任关系中，可以减少政府的机会成本，也可以照顾到民众的诉求，尽可能地维护好民众利益。

2. 增强政府与民众联系

在现代社会，尤其是农村社会环境中，各成员因自身利益诉求的差异而自然形成了一种具有黏合性的社会资本。若能有效利用这种社会资本，它将在乡村振兴事业中发挥举足轻重的作用，并极大地增强公众对政府的认同感，这股力量不容小觑。这种黏合性的社会资本，作为一种潜在的、可开发利用的资源，在农村治理体系中占据着重要地位，它有助于搭建政府与民众之间顺畅沟通的桥梁。政府与农村居民之间的良性互动是一个持续不断的过程，而社会资本正是这一互动过程中不可或缺的要素。在双方的互动交流中，社会资本充当了桥梁与纽带的角色，不仅促进了政府与农村居民之间的和谐互动，还在一定程度上弥补了政府治理中的某些不足。同时，它还能够有效解决农村居民面临的实际困难，汇聚并回应民众关切，从而实现农村居民的共同利益。此外，社会资本还能增强人们之间的合作意愿，提升民众对政府农村治理工作的认同感。

3. 构建垂直关系契约

政府与民众之间的关系，本质上是一种契约关系。这种契约一方面基于政府制定的正式规范而确立，另一方面则植根于一种信任关系之中，具备“软约束力”的特点。政府与农村居民在地位上存在着不对等性，政府拥有制定具有强制约束力的制度规范的权力。然而，在实际运作过程中，这种地位的不对等性可以通过强化公共道德和契约规则来加以改善，进而降低政府的机会成本。社会资本作为一种具有公共产品特性的资源，在农村社会中引发了不少“搭便车”的行为，从而产生了道德风险。为了应对这一挑战，政府和公众之间需要构建一种能够在人们交流合作时提供有效约束的关系性契约。这种契约不仅能够显著减少机会主义行为和“搭便车”现象，还能够弘扬和确立互惠共享的精神，促进个人利益与集体利益之间矛盾的化解，实现社会的和谐与共赢。

8.2.2　欠发达地区民族地区社会资本现状

近年来，我国社会结构正在逐渐发生变化，朝着现代化社会的方向发展。然而，欠发达地区民族地区在这个转型过程中受到了外部的冲击，原始资源的流失以及缺乏新的发展方式加剧了欠发达地区民族地区的贫困和落后。同时，在乡村地区，信任存量不足、正式性社会网络弱化、契约性规范缺乏等因素也制约了当地的发展。

1. 信任存量不足

信任存量不足产生的原因主要有以下四个：一是社会传统的信任模式在社会形态变化中受到了冲击，一些新的社会思想加入进来，原有的根据亲缘关系确定的身份关系逐渐弱化，但是新的信任关系并未完全形成，使得在社会形态变化中容易产生信任缺失的现象。二是随着市场经济的发展，以假冒伪劣为典型的失信行为频发，使社会面临信任危机的风险。三是在当今社会正在转型的过程中制度和规范容易出现缺失的现象，使信任出现缺失和失信行为，制度监督的不足使得社会在运行时会产生不小的风险因素，对社会的向前发展不利。四是长期以来，农村社会治理水平偏低，农村社会公共组织不健全，成员之间和成员与集体之间沟通交流不畅，不利于信任网络在农村地区的建立。

2. 正式性社会网络弱化

如今，经济迅速发展，越来越多的人热衷于追求经济利益，这种现象在农村和城市都比较普遍。由于社会形态转变，农村部分居民外出学习或打工等，其居住地点由农村转向城市，生活重心转移，和亲戚邻居之间的交流越来越少，处在一种极其窄小固定的社交圈子里，只与圈内的人交流。因此，正式性的网络关系弱化，而非正式性的社会网络变强。与此同时，政府行政部门对乡村治理中的干预和渗透，制约了农村自治组织和其他组织机构的成长与发展，导致乡村的社会网络不够正式。

3. 契约性规范缺乏

在农村社会资本的发展过程中，不仅需要深层次的社会资本，如“强有力的联系”，而且需要社会资本的浅层支撑，如“薄弱的联系”。以道德品质等为基础的社会资本是有约定性质的，其网络都需要这种联系。目前，我国正处在从传统社会向现代化社会彻底转型的过程中，而社会规范和秩序等都经历着从未有过的挑战和冲击。社会发展中出现了新的问题和现象，思想和立场的不一致，再加上缺乏道德和伦理规范，以及受到西方资本主义的理性精神冲击，使人们对传统的伦理道德提出疑问，并形成了一种社会失调的状态。与此同时，非正规系统和协调性的公共政策不足，制度的正式性严重滞后，使农村地区的社会规范水平偏低。

8.2.3 社会资本理论分析维度

社会资本是指社会中人与人之间相互信任、相互支持、相互合作的资源。根据社会资本理论，社会资本可划分为信任、社会网络和规范三个维度。

1. 信任

信任是社会资本不可或缺的组成部分，包括人际信任和系统信任两个方面。在农村发展中，信任是建立和发展农村专业合作组织的重要支柱。这些组织的有效发展也能够带来信任的增强。人际信任是指个人对特定的他人或群体的信任程度，而系统信任是指个人对整个社会制度和公共服务机构的信任程度。

2. 社会网络

在社会网络的研究中，人们通常关注个人与个人、个人与集体以及集体与集体之间的关系。在一个社区或团体中，如果居民参与社会网络的程度越高，他们就越能通过合作来实现共同的利益。针对欠发达地区民族地区，社会网络可以分为正式网络和非正式网络。正式网络强调参与，非正式网络则更注重人际关系。

3. 规范

社会资本的一个重要构成是正式的制度规范和非正式的制度规范。大部分学者专家也认同此观点，认为可以将其分成这两种形态。然而，在经济与社会发展过程中，社会资本主要为其提供了更多的非正式的制度规范。因此，我们重点研究非正式的制度规范，而不具体去研究正式的制度规范。

8.3 社会资本理论

皮埃尔·布尔迪厄首先在社会学领域中提出了社会资本的概念。他的研究层次不是宏观性的，而是着重于关系网络的制度化。他提出每个个体通过利用社会资本的资源，可以实现个人的人生目标及价值。首先，众所周知，关系网络是可以给我们带来利润的，然而这种网络是逐渐形成的，并不是自然存在的。关系网络主要通过投资、制度化构建等一系列建设来巩固网络的强度。若关系网络仅仅凭借亲属关系或血缘关系来维持是不可能长久发展的。其次，关系网络建立后，通过一系列投资建设来巩固它，最终可以得到极为可靠稳定的资源，能够确保网络成员长久的有关利益。最后，为了维护网络成员的相关行为，必须有相关的制度（如发展会员制度）来保证。

詹姆斯·科尔曼认为，社会资本有多种多样的表现形式。在他看来，社会资本包括制度的规范、公民的义务与权利、政府机构的权威、社交网络等，而社会资本的基本表现形式主要也是这四种。

美国学者洛波特在他的书中，多次提到了社会资本理论有关的论述研究。其中，他通过新制度方法分析解释意大利南北两个地区的政府制度绩效差异的缘由。最后，他发现社会文化在制度绩效的考核中起着关键作用，同时他将有关社会资本的理论与其理解融合。他的观点是：社会资本有桥梁功能和纽带功能两种表现形式。前者是通过社会资本，如陌生人或者陌生群体可以产生联系，而后者则是将相互认识的人群团结起来。他认为信任是社会资本三大要素之中最本质、最关键的要素。从社会资本理论的角度来看，信任在社会生活中起着润滑作用，充满了信任和互惠的社会比毫无信任的社会效率高得多。

综上所述，通过以上三个有关社会资本的理论研究我们可以总结出，社会资本主要有纽带、桥梁、联系、润滑剂、方便资源流通、降低交易成本等功能。所以，我们应该建立起一个社会群体，在群体中把特别贫困的地区联系起来，提高利用效率，降低交易成本，在相关政府的领导下发展经济建设，使贫困地区早日脱离贫困。

一般来说，社区主要由五个基本要素组成，分别为人口、地理边界、生活设施完整、社区文化丰富、机构组织健全。而农村社区作为人类社会生活的主要形式，在全球范围内占有较大比重。我国幅员辽阔，区域差异大，其中农村人口占总人口的绝大部分，而城市社区的数量远小于农村社区。学术界对农村社区的理论定义是多种多样的，目前来看较为认可的是，“社区居民靠农业为主要谋生方式的区域社会被称作农村社区”。它可能是由几个邻近的自然村落构成，也可能是小型的自然村落。在农村社区中，人口的流动性较差，密度不够高，异质性较弱；组织结构远没有城市社区复杂，社区居民的职业相对简单；传统文化对社区居民的风俗习惯和生活方式产生的影响较大；社区居民血缘关系较强，人际交往密切。这些都是农村社区的主要特点，从中可以看出，农村社区是由血缘纽带与地域聚集形成的人类生活社区，主要依靠农业谋生。

农村社区的建设与社会资本有着极为密切的关系。社区是居民社会生活的区域，它以地域为基础，由诸多因素构成。当然，社区也有许多特点，比如群体聚居、多元化的区域、赖以生存的家园。建设的概念是综合性质的，它既包括社区内居民生活水平及公共设施的提升，也要求人情社会，如血缘关系浓厚、积极向上的价值观、良好的社交网络、完整的组织机构、公民政府之间沟通良好等。而社会资本由以上的网络、信任等条件构成，是建设一个良好的乡村社区的前提，也是关键。农村社区里居民的公共精神及其参与社区治理的程度基本上由社会资本的基本内容和社交网络的积累情况来决定。社区治理的好坏取决于此社区社会资本的存量，资本存量越足，该社区的治理情况越好。

在推动农村社区建设的过程中，社会资本起着尤为关键的作用，它是极为重要的资源要素，并且作为一种资本的形式，社会资本是可再生的。这种资源可以通过自身的发展来壮大其能力，可以构成较好的循环体系。农村社区建设就是为了满足农民的需求，克服农民的困难，提高农民的积极性、主动性，增强农民的使命感。同时，农村社区建设能帮助居民找准个人定位，发挥个人优势，提升居民的自信心及价值观，优化社区的环境氛围，创造社区自我治理的形态。总而言之，社会资本完美契合社区建设，二者可以说是天作之合。

倘若没有妥善的治理支持，社会资本就如同一座空中城堡，没有坚实的地基，极有可能会倒塌，而社会亦不存在信任，处处都充满着尔虞我诈。在农村社区的建设过程中，社区居民需要有极强的责任心，保证社区的信任环境。与此同时，社区居民之间相互交流、友好协商，能够调动居民的积极性，使其加入环境治理中，扩大居民的参与网络。另外，农村社区建设可以促进形成正式的社会规范，尤其对于发展比较落后的社区来说，与治理相关的制度规范的形成可以成为社会资本的催化剂，同时形成一种良性循环。

由此可以得出，合作、关联、信任等良好品质都与社会资本息息相关。对于欠发达地区民族地区的振兴发展来说，社会资本存量不足，需要通过成立合作社等方式来加强社区之间的交流和联系，扩大居民的参与网络。而社会资本对这种社交网络的建立有着极为重要的影响，同时网络的完善反过来可以扩大社会资本存量，形成一种良性循环。以浙江省温州市为例，20 世纪 80 年代，该地区相对贫困，但是他们利用社会资本和加速模式，逐步形成关系网络，壮大合作社，彼此间相互促进，最终成功脱贫，成了现在的富裕地区，并对周围地区产生影响，这就是一个极好的案例。

8.4 社会资本与乡村振兴政策建议

8.4.1 调整当地干部结构

在农村社区中，当地居民是农村专业合作组织的群众基础和关键因素。要使这些合作组织的建设更加完善，成员之间充满信任，团队归属感、凝聚力强烈，就必须依靠当地居民自身去发展建立组织。由于当地居民财富能力有限，而自身建立组织的成本较高，如关系网络疏通、物资采购等的成本，这就需要政府部门出台相应的政策措施支持农村合作组织的建立并积极引导其走向正确的方向。综合而言，农村社区当地的干部结构起着关键的作用，可以适当指派更多的本地居民当选干部。

8.4.2 加强内部管理、开放式管理

农村专业合作组织是通过一些制度或机制将个人结合起来，并不是一个简单的个体成员联合体，全体成员必须具备极强的积极性、责任意识和荣辱感等。而规范性的自我治理主要要求对组织内部运行形成一种规范化的管理模式，完善内部组织机构及管理体制，强化社区合作组织成员的自我服务、自我完善和自我管理的能力，减少政府监管不力的问题。同时，农村专业合作组织的契约性与内部互惠性规则的强化也对组织的规范自我治理有着极为重要的作用。除此之外，开放式的管理能够调动居民个人参与的积极性，增强机构的约束能力，共同创收，人人都可以当家作主。

8.4.3 精英领导

在农村社区中，社区成员的道德素养、文化水平及工作能力的提高对社区建设有很大的帮助。为了提高居民的综合素质，需要部分精英人才来领导，组织培训管理等，加强成员整体的道德品质和修养，创造互利共赢的局面。因而，政府需要出台有关政策措施来支持社区建设，组织社区成员参与相关培训，着重提高农村专业合作组织中精英成员的管理能力，使他们具备为广大农村居民谋发展、谋利益的奉献精神和积极向上的进取精神。而这些精英成员在提高自身经营能力的同时要注重提升个人的综合素养、领导才能及人格魅力，加强组织的凝聚力，使基层群众信服，让基层群众认同领导的观点。

8.4.4 民为主、政府为辅

政府在社区组织建设中应该注意适度干预的原则，以确保农村专业合作组织的自主性和发展空间。过度干预会限制组织自主性，导致诺斯悖论的出现。因此，政府部门在农村专业合作组织自我经营、发展的前

提下应该给予合理的调控，发挥好管理带头作用。首先，需要保证社区合作组织市场上的需求供给平衡，保持一种稳态。其次，政府应该采取相应的政策和措施来支持社区组织的发展，特别是应该鼓励和引导大型组织帮助小型组织，以增强它们之间的网络关系，并建立一个良好的沟通和交流环境。同时，政府应鼓励更多社区居民加入农村专业合作组织并培养和孵化更多新组织。再次，政府要加强对合作组织内部的监督，保障组织健康稳定地发展；建立一个较好的融资体系，适当调整银行的贷款政策，降低贷款相关规定要求的门槛，让农村专业合作组织贷款变得容易，解决它们贷款难的问题；健全组织机构关于资金使用的相关政策，建立专项资金及使用规则，防止出现滥用资金情况，监督其资金的使用情况、用途等。最后，政府要找到精英领导，让这些人能够稳定积极地带动社区组织的居民共创良好合作组织，为社区组织提供外部市场框架，引入新的有用信息和资源，把农村专业合作组织构建得更加专业、健全、稳定、美好。通过政府部门的引导鼓励及服务，使社区居民更加信任政府，为政府树立良好的形象，使个人社区生活更加美好，乡村治理也能形成良好的信任氛围。

8.4.5 开展活动，拓宽关系网络

信任与社交网络之间有着密不可分的联系，信任产生于社交网络。在农村专业合作组织中亦是如此，信任环境产生后，组织的关系网络能够从活动开展中得以发展，实现组织之间的联合，增强组织凝聚力。通过参与各种各样的组织形式，社区合作组织成员的积极性与兴趣得以激发，其利益需求也得到满足，同时进一步促进了组织内部社交网络的发展与优化。

正是因为存在某种利益关系，农村专业合作组织才得以组建。但组织成员之间并不都是同质性的，每个人对社区组织的需求都各具特色，存在一定的差异性。为了开展形式内容丰富的组织活动，农村专业合作

组织应该考虑成员之间的差异，并将这些活动制度化，使其成为一种日常安排。农村专业合作组织可以提供良好的交流平台，如开办研讨会、培训班等，分享大型及发展良好的农村专业合作组织的建设经验，共同学习、共同进步，也可以与其他的专业组织一起举办会议或培训班，缩小组织间的差距。通过这些方式，社区成员会产生一种归属感、认同感，也使组织树立了良好的形象。

8.4.6 建立激励机制，强化互惠性规范

农村专业合作组织的互惠规范发展需要传统的信任，这种信任是社区成员友好交流和可持续发展的关键，并为农村专业合作组织的发展提供源源不断的动力，这是自我价值与整体价值实现的有机统一，也是一种利人利己的统一。为了实现农村专业合作组织长期稳定的互惠规范发展，需要鼓励和激励互惠行为，如评选先进个人、道德模范标兵等。我们应该时刻关注和监督社区成员的互惠行为，并在某些重要时刻（如农忙期间）进行表扬和鼓励，也可以开展农村专业合作组织大会公开表扬先进优秀个体，使互惠行为更加活跃，以此调动广大成员的积极性。为了加强社区组织成员间的文化沟通与交流，可以多开展宣传教育及文体娱乐、志愿活动，丰富居民业余生活，提高居民道德素养，培养社区居民的自我奉献意识和志愿意识，进而支撑精神层面的发展，形成互惠性。

9 金融资本

9.1 引言

金融资本的来源主要包括他人的援助，通过正规或非正规渠道获得的贷款、收入等。毫无疑问，资本投资在农民增收和农村经济发展中发挥着重要作用。刘易斯提出的二元经济理论和舒尔茨提出的农村发展理论都认为资本投资是经济发展的重要因素。在当前精准扶贫的时代背景下，我国政府通过财政转移和普惠金融向农户注入自有和信贷资本，以帮助农民增加收入。农民的金融资本由自有资本和信贷资本组成，这与程明望等（2015）的分类方法一致。然而，目前研究表明，贫困农民尤其缺乏财政资金。与此同时，农村地区的储蓄率与预期收入增长呈显著负相关，其储蓄率相对于城市居民来说普遍较高（Kraay, 2000）。

实施乡村振兴战略，是党的十九大作出的重大决策部署，是解决人民日益增长的美好生活需要和不平衡不充分的发展之间的矛盾的必然要求，是实现“两个一百年”奋斗目标的必然要求，是实现全体人民共同富裕的必然要求。要实现乡村振兴战略的目标，必然少不了国家财政的支持。国外发达国家乡村振兴的经验也是如此。例如，在德国的“村庄更新”中，德国 KFW 银行为了支持其乡村发展，针对乡村建筑节能改造项目，提供年利率不超过 2% 的资助计划；在日本的“造村运动”中，金融机构向审查合格的环保型农民提供最长12年的无息贷款，对于乡村中的绿色农业企业，金融机构提供了最长30年的低息长期信贷资金；荷兰合作银行为荷兰的“农地整理”提供了独特的产业链金融支持；法国在“农业一体化”中每年投入300万欧元作为生态农业发展基金；等等。在我国《关于实施乡村振兴战略的意见》和中央农村工作领导小组发布的《国家乡村振兴战略规划（2018—2022年）》中，也强调要拓宽融资渠道，引导更多资金投向农村建设。从现有的研究成果来看，对于乡村振兴战略与农村金融之间相辅相成、相互促进的关系已经在学术界达成了共识。一方面，乡村振兴战略的成功实施离不开金融的重要支撑，另一方面，这一战略也为金融业转型发展带来了新的重要机遇（Korea Qiang，2018）。到目前为止，学者主要集中针对以下两个方面进行了研究。

第一，如何在乡村振兴战略下实现农村金融的发展。乡村振兴战略产生了新的金融需求，对金融服务提出了更高的要求，赋予农村金融改革试点新的内容（李波，2018）。何广文和何婧（2018）指出，农村振兴金融服务需求呈现一体化、集团化趋势。在振兴农村的基础上，农村金融需要制度创新和转型。杜志雄和惠超（2018）分别从农业、农村、农民、农地四个维度详细解读了乡村振兴战略提出的新要求，并试图为金融领域提供解决方案，更好地支持这一战略。

第二，如何支持农村金融实现乡村振兴。田秀丽和姜健（2019）指出，在乡村振兴战略中，为了提高金融支持农村产业一体化发展的效率，需要强调“政府+金融机构+农民”之间的联动。孙学立（2018）认为，构建新型农业互助金融体系，进一步促进农村的产权交易市场建设，并逐步放宽涉农金融机构准入门槛是实现乡村振兴必不可少的步骤。李创和吴国清（2018）结合商业银行扶贫实践并运用了SWOT分析，在乡村振兴战略的背景下提出了农村金融扶贫的思路及建议。赵子锐（2018）指出，在当前阶段，金融支持乡村振兴战略面临着突出的供需矛盾、动力不足、利润下降、体制机制不健全等制约因素，并进一步提出了相关的政策建议。苏州农村金融协会研究小组（2018）以昆山地区为研究范围，分析了发达地区的金融服务乡村振兴存在的各种问题，积极探索互联网时代“三农”金融服务创新的道路。

金融资本服务于乡村振兴是指为实现我国乡村振兴战略的目标而开展的一系列投融资活动。与以往在“三农”金融领域中比较常见的普惠金融、绿色金融、扶贫金融等相比有一些共性，但因其所处的时代背景不同，目标、内容有所不同，故有其自己独特的内涵和实践价值。

9.2 文献综述

9.2.1 乡村金融支持与乡村经济发展

汪桥和史贤华（2014）认为，乡村金融机构对农民收入的影响并不显著。而丁志国（2016）等指出，政策性金融支持在农村经济发展中起着重要作用。张冬冬（2017）认为，需要进一步完善农村金融体系和农民的收入保障体系。赵洪丹等（2015）认为，农村金融发展相对工业化进程来说较为滞后，应当减少不完全市场金融资源配置机制的机会不平等。张丽娜和王静（2014）通过实证分析发现，农村金融发展对经济增长具有非线性效应。高彦彦（2010）则认为，市场配置在政府的保障和引导下能更好地解决农村金融需求不合理问题。

9.2.2 乡村金融支持与农民收入增长关系

赵洪丹（2016）认为，乡村金融支持对于中国乡村经济的发展至关重要。然而，长期以来农村金融未能有效增加农民收入。因此，需要对农村金融和农民收入之间的关系进行定量分析，实现农村金融的发展目标。同时，政府和市场共同助力农村金融的发展，全面推进乡村振兴。杨亦民（2013）认为，农村金融对于农村经济的发展具有举足轻重的作用，要实现农村金融体制的完善和健全，则需要提高农民收入和健全信贷体系。特别是在农村经济转型期间，由于市场力量相对较弱，金融支持农业投资水平低，因此应使用政策支持的力量来解决行政壁垒，以低成本的方式打破困境。李明贤等（2014）认为，农业天生就是弱势性产业，因此政府在支持农业经济发展的过程中应扮演重要的角色。为此，需要建立适合中国国情的金融支持系统，提高财务业绩评价和激励机制，促进农村资金流向农业生产。毛丹（2015）通过研究1988—2009年的省级面板数据，发现农业现代化水平具有鲜明的地域性和空间性，而农业现代化对城市和农村协调发展具有十分重要的影响。因此，需要更加关注农业现代化进程，利用“两化”阶段性成果，推动农村现代化进程，在“两化”互动发展中加快推进农业现代化。

9.2.3 乡村金融支持与农业现代化

王林峰（2013）研究发现，农村经济发展面临的资金短缺问题是金融支持的缺乏、不健全的农村金融机构体系和农户储蓄意识淡薄等因素造成的。因此，建立一个成熟有效的农村金融服务体系对于缓解资金短缺问题至关重要。田艳（2013）则认为，农村金融的配套支持政策不够健全，涉农企业融资受到各种限制，金融服务效率不高，产品和服务单一化等问题仍未得到根本解决。为此，需要加强金融服务的效率和完备性，解决信贷资源配给明显不足等问题。谭巍（2014）通过建立金融支持与产业化发展的线性回归模型对广东2003—2013年的数据进行了回归分析，发现金融支持与农业现代化发展之间存在显著的正相关关系。孙正林和朱兴龙（2014）指出，政府对金融模式的过度干预可能不利于农村经济发展。因此，应制定合适的政策和制度规范，并建立农村资金回流机制。潘江等（2014）认为，要采取市场化机制，完善金融体系，提高农村金融机构服务乡村振兴的积极性，逐渐优化农业现代化的信贷结构，消除农业融资方式单一、农户贷款风险较大的问题。汪邹霞等（2016）对湖南省2005—2014年的相关数据进行了收集并且建模加以分析，认为当前湖南农村金融体系对于其经济的发展没有帮助，要切实支持乡村的发展、缩减城乡差距主要还是要深化农村金融改革，重塑农村金融体制。白玉娟等（2015）指出，农业的天生属性与信贷特点之间存在屏障，农业保险制度亟待完善。笔者建议实现城乡、工农联合的反哺机制，解决农业产业化系统发展不健全的问题，这是提高服务农业产业化水平的关键。

目前，农村金融和农村经济发展之间关系的研究有了重大的进展。一方面农村金融对于农村经济的推动作用是不可忽视的，另一方面农村经济的发展反过来又会促进农村金融的进一步改善。此外，一些学者也对当前农村金融存在的问题展开了深入的分析，这些研究对于发挥农村金融在乡村振兴战略中的重要作用有着很强的理论价值及实践引导作用。但现有的研究成果对欠发达地区民族地区金融资本特性的研究不多，本章在讨论农村金融资本现状以及与乡村振兴关系的基础上，将分析欠发达地区民族地区金融资本的一些特殊情况并提出政策建议。

9.3 银行业金融机构服务乡村产业振兴的现实困境及完善路径

大多数欠发达地区民族地区是相对偏远的农村地区。通过分析银行业金融机构服务乡村产业振兴的实际困难，把握农村金融资本存在的共性问题，有利于从共性分析中得到启示，从而改善欠发达地区民族地区的金融资本现状。

农业经营者由于信用记录较少，缺乏有效的抵押担保，难以获得银行贷款。为解决这一难题，农业农村部通过财政注入资金，建立了专门的农业信用担保机构，并与银行和政府合作，为农业经营者提供更好的贷款支持。农业农村部构建的“铁三角”稳定体系实现了金融与农业的一体化，这种体系有利于农业的可持续发展。同时，农业农村部鼓励转变资本投入方式，利用金融资金支持现代农业建设，这种做法有助于促进农业的升级和转型。这些措施的实施，将有效地解决农业经营者融资难的问题，从而推动农业的可持续发展和现代化进程。

9.3.1 银行业金融机构服务乡村产业振兴的现实困境

1. 农业产业贷款难、贷款贵

农村金融市场存在的问题包括：首先，农村金融需求不足，由于缺乏成熟的产业项目，抵押担保也难以做实，农业产业有效贷款受到限制。其次，农业相关银行担心农村交易量大、金额小、利润薄、风险高，因此设置门槛过高，不愿放贷甚至害怕放贷，导致农贷供应相对紧张。再次，由于存款大量转移到城镇的其他领域，使得农村贷存比出现“倒置”。最后，贷款利率相对较高，有些还需要提供风险保证金，使得本就已经资金短缺的新农业经营者更加难以获得贷款。这些问题都影响了农业的融资发展，需要政府和金融机构采取切实有效的措施加以解决。

2. 资金需求量的增长过快

政府大力支持农业发展，使得传统农业向经济高效型农业方向转变。农村基层组织采用委托、经济一体化等方式，有助于农民向规模化经营模式转变，对农业产业化发展起到推动作用。同时，农村大规模经营间接增加了对农业贷款的需求，从扩大就业和转移农村劳动力的角度增加了对农业生产资金的需求。这些举措有利于促进农业现代化，提高农民收入，改善农村发展状况。

3. 涉农贷款的供给不足

随着国家金融机构改革的深化与风险管理意识的日益增强，银行对农村涉农贷款业务的资金供给增长比例相对放缓。特别是针对规模小、效益低、受季节影响大、风险较高的自发性经济及小农户经济体，其贷款申请受到了更为严格的限制，这不仅导致了资金流动性的减弱，也严重阻碍了农村金融市场的发展步伐。与此同时，我国风险管理的规范化措施使得基层银行在信贷审批流程上变得更加严格，审批时间延长，要求提高，部分银行甚至上收了审批权限。特别是在国有商业银行中，相较于其他经营性贷款，对涉农资金的投放力度有所减弱，进一步加剧了涉农贷款难题。尽管我国已设立了农村信用社等金融机构，旨在服务农村经济，但由于政策限制、设施落后、结算手段不完善等多重因素，这些机构未能充分发挥其应有的作用。因此，为了推动农村金融的健康发展，满足农村居民日益增长的金融需求，促进农村经济的持续繁荣，我们必须在政策和机制层面加大改革力度，构建更加完善、高效的农村金融服务体系。

4. 贷款产品提供创新不够

农业金融贷款存在一系列问题：首先，主要是传统的小额信贷，缺乏与农业产业发展相关的产品。其次，农业产业存在投资规模大、周期长、风险高的特点，银行业金融机构没有充分考虑这些特点，往往只提供短期产品。此外，金融机构提供产品存在资金金额大的情况还需要国有农业企业担保。这些问题导致了农业贷款的缺乏和困难。因此，银行业金融机构需要更深入地了解农业产业的特点，提供与农业产业发展相关的产品，同时政府和农业担保公司也需要发挥更大的作用，以解决农业金融贷款问题。

5. 农村信用环境建设较差

农村金融机构面临着不良贷款、信用环境差等多重压力，影响了其经济效益。其中，信用贷款是不良资产的主要类型，农村经营主体抵御风险能力差，导致处置不良贷款的难度增大。同时，农村信用环境建设较差，新型经营主体信用违约情况日益增多。抵押物处置也存在困难，特别是在一些恶意赖账逃债和贷款逾期不还等情况下。这些问题导致了银行业金融机构对农村金融市场的投放信心不足。

6. 产融供需缺乏有效联动

当前，农村金融服务存在多个方面的问题：首先，缺乏与农业产业发展相关的产品，金融机构对农业产业的特点了解不足，风险规避过于保守，仅提供短期产品，难以满足农业经营主体的需求。其次，农村金融机构存在大量的不良贷款，处置障碍繁多，如清偿债务人资产困难、行政干预和政策落实不到位等。再次，缺乏综合性产权流转交易市场和中介组织机构，农村地区的产业发展平台服务和中介服务不够完善，农业融资部门、农业经营主体和银行业金融机构间缺乏信息沟通。最后，金融机构人员素质不高、业务能力不强，农业经营主体对金融政策和资讯缺少了解，农业融资部门缺乏及时为企业和金融机构之间牵线搭桥的机制和动力，三方信息不对称，造成有效需求和有效服务严重不足。

9.3.2 完善银行业金融机构服务乡村产业振兴的路径

银行业金融机构在扶持乡村产业振兴中遇到了历史和现实因素的双重累积问题，包括对农业产业特点考虑不足、风险规避过于保守、产品单一等。应积极采取实际措施，推动银行业金融机构更好地服务于乡村产业振兴。

1. 强化规范引导，促进各方整合联动，加强对乡村产业振兴的贷款支持

建立健全制度机制，以解决银行业金融机构在乡村产业振兴中面临的问题。同时，提供更多政策性贷款服务，并建立激励约束机制，以鼓励银行业金融机构加大对农村产业的支持力度。加强银行业金融机构间的协调和互补，明确国家开发银行和中国农业发展银行在乡村振兴中的

职责，以更好地发挥其作用。同时，加大金融支农力度，积极调动其他银行和金融机构在农村开展创新业务的积极性。推动新型农村金融机构和农业融资平台的建立与发展，提高农村金融服务的水平和质量。

2. 推进贷款产品和服务创新，创建多层次全方位的乡村产业投融资体系

深化“三权”分置改革为农村金融资产注入活力，并优先支持农地林地经营权进行抵押贷款。另外，创新贷款产品也是关键，鼓励银行业金融机构创新涉农信贷产品，扩大担保物的范围。同时，需要创新融贷保方式，通过创新资本投资方式，形成利益共享风险共担的联动激励约束机制。建议各级财政金融机构共同努力，深入探索“金融 + 银行 + 农民合作社（农场或农户） + 担保公司 + 保险公司”等新型融贷保模式，以提高农村金融市场的稳定性。

3. 着力推进农村诚信体系建设，努力构建良性循环的农村金融生态环境

为了推进农村金融服务的发展，需要建立健全信用体系，包括建立信用数据库和评级体系，加快实现数据共享，同时推进诚信文明建设，加强信用宣传，提高企业、金融机构和农户的诚信意识。此外，针对新型经营主体，需要加强规范化管理，并鼓励其提高经营管理水平，健全财务账簿，增强经营信息透明度，以推进农村信贷良性循环发展。在保障经营主体合法权益的前提下，也需要保障金融机构的合法权益，允许其依法采取多种方式灵活处置抵押物，以降低信贷风险和加强信贷回收。

4. 创新统筹协作思路，努力构建多方合作利险联动机制

为了促进农村金融市场的发展和稳定，需要加强基层普惠金融服务，其中包括组建基层普惠金融事业部、增设乡镇网点和行政村金融便

民服务点。同时，需要建立农村资产综合流转平台，培育资产评估机构，发展融资平台服务和中介服务，以及加强金融统计信息服务工作。此外，需要建立工作联动机制，分级建立定期召开涉农部门联席会议制度，鼓励银政企（农）“铁三角”建立工作联动机制。探索建立乡村振兴银行，由市区县金融办牵头组织，农业相关部门参与配合协作，将财政及农业相关部门一部分投入乡村产业发展的资金进行整合有偿使用。专注于积极开展乡镇村社存贷业务，以支持乡村产业发展和振兴。

9.4 欠发达地区民族地区金融资本现状与改善对策

9.4.1 欠发达地区民族地区金融资本现状

欠发达地区民族地区金融资本短缺。作为可持续生计资本的重要组成部分，金融资本对于欠发达地区民族地区农村脱贫发挥着重要的作用。资本存量不足、循环速度慢和农户收入低，导致金融资本支持不足，农民难以扩大生产规模、改进生产技术、增加收入和提高生活水平。特别是农民的收入主要来源于农作物种植时，生活保障面临巨大压力。而手工艺或养殖业获得的收入不足以支持生产资料的增加和生产技术的改进，也无法为农村脱贫提供支持。

9.4.2 改善欠发达地区民族地区金融资本的对策

解决欠发达地区民族地区农村金融资本短缺的问题，需要采取有效措施增加资金存量并合理利用金融资本。第一，针对西南民族地区农村，应该加强对其金融资本的投资，减少贫困农户的资本短缺问题，为其提供低利率贷款的便利。第二，鼓励贫困农户自主创业，提高其收入水平和偿还能力。第三，放宽中小企业资金准入法则，政府与企业合作办厂，推动中小企业发展。第四，创建民间资金管理部门，吸收非政府资金，为民间资本提供准入机遇，分利经营，互惠合作。第五，建立稳定的金融资本流通机制，适当放宽还款年限，降低还款金额，针对农户实际情况制定新的衡量标准，从创收方面入手解决还款缺少现象，实现金融资本的健康流通。这些措施的实施将有助于增加资金存量，推进农村经济发展。

以下分别从政府引导扶持、金融机构优惠协助、农户配合反馈角度来思考欠发达地区民族地区金融资本及信贷建设如何助力乡村振兴。

1. 政府引导扶持

政府应充分发挥其领导作用，积极推动惠农贷款政策的实施。对于欠发达地区民族地区，政府应当切实落实政策的实施并对其效果予以评估。政府应从各个方面给予扶持，鼓励惠农贷款的发展，因地制宜制定不同程度的帮扶政策，牵头搭建惠农信息服务平台，优化合作环境，组织专门的入户推广或有针对性的培训。政府、金融机构、农户多方参与，各司其职，稳步推进。政府、银行、担保公司之间需要创建起合作新机制，加强信息的互通与交流，以达到协调促进的目的。

2. 金融机构优惠协助

为了推进惠农贷款的发展，需要采取多种措施，包括提升优惠力度、构建伙伴关系、加大创新力度、推出多样化产品服务、完善贷后技术指导等。政策性银行应当落实国家政策，提供具有可持续性的贷款项目。农商银行应当联合其他分行进行数据整合与分析，提高贷款的准确性和效率。同时，应当寻求与担保公司的深度合作，为农户提供优惠贷款服务。银行也应不断完善惠农贷款项目，以适应欠发达地区民族地区农户的不同需求。此外，金融机构应进行贷后技术指导，鼓励散户形成联合生产小组的组内互帮模式，帮助大批散户实现增收。通过以上措施，可以提高惠农贷款的可持续性，促进欠发达地区民族地区农村经济的发展。

3. 农户配合反馈

为了配合惠农贷款落地相关工作，需要各方共同努力，创造双赢局面。首先，紧跟时代形势，积极探索新的发展方向和模式。这需要政府和金融机构密切合作，充分利用现代科技手段，制定出更加精准、高效的惠农贷政策，并且开发出多样化、创新性的贷款产品。其次，为了改善惠农贷款效果，需要完善反馈机制。包括建立起高效的监管和评估机制，实现对贷款项目的动态跟踪和绩效评价，及时发现问题并进行纠正。再次，加强对农户的技术指导和培训，帮助他们提高生产效率和收益水平。最后，积极推进合作社和家庭农场的发展，激发农民的内生动力，提高他们的自我管理能力和市场竞争能力。

第 3 篇

乡村振兴长效机制设定

10 产业兴旺

10.1 产业兴旺的定义

乡村振兴的核心在于驱动农村经济转型升级，需完善产业体系、生产体系、管理体制，提高创新能力、竞争力、生产率，深化土地制度改革，建立支持与保护体系，促进农业现代化与一二三产业的深度融合与协同发展。推动中国特色农村蓬勃发展，关键在于激发产业活力、确保供给稳定、提高居民生活水平，全面增强农村地区的承载能力、竞争实力和可持续发展潜力，促进产业间的深度融合与共进。农村改革创新将形成明确分工、紧密联系、高效运作、多样化产业形态和多功能产业体系。

10.2 产业兴旺在乡村振兴中的重要性和作用

国务院发布的《关于实施乡村振兴战略的意见》强调，产业兴旺是乡村振兴的重点，必须贯彻质量兴农、绿色兴农的理念，加快构建现代农业产业体系、生产体系、经营体系，提高创新力、竞争力、全要素生产率，实现向农业强国转型。文件中提出了关于实施产业兴旺的五个建议，可以看出产业兴旺在乡村振兴中的重要性。

一是夯实农业生产能力基础，保障国家粮食安全。坚定实施土地储粮、技术储粮战略，全面推行永久性基本农田专项保护机制，加快粮食生产功能区的规划构建与农田水利建设，实施国家农业节水行动，加速推进现代农作物、畜禽、水产品以及林木种业的培育，高标准打造国家育种基地等。同时，需要推进农业科技创新，加强产业主导型科技创新基地建设，深化农业科技成果转化和推广应用改革，优化农业从业人员结构，加速培育知识型、技能型、创新型农业经营者，加快数字农业和智能化农林水利工程的发展等。另外，加快农机装备产业的转型升级是促进农业现代化的重要措施。其中，提高大宗作物机械的国产化水平是一个关键的目标，可以通过引进和消化吸收国际先进技术、加强自主创新等方式来实现。此外，也要加快经济作物、水产养殖业、丘陵山地农林机械的研究开发，提高其适应性和智能化程度。在发展高端农机装备制造业方面，可以通过提高产品质量、完善售后服务体系、拓宽市场渠道等措施，增强企业竞争力，从而推动农机装备产业向高端化、智能化方向发展。这些综合措施将有效完善农村产业、生产与管理体系，激发农村产业的创新潜能，提升整体竞争力与全要素生产率，为实现乡村振兴战略的伟大目标奠定坚实基础。

二是实施优质农业发展战略。制定和实施国家优质农业战略规划，旨在驱动农业向绿色化、优质化和特色品牌化转型，推动农业从增产向提高质量的转变。另外，推进特色农产品优势区建设、实施兴村强县战略、加快现代高效林业的发展步伐、加强病虫害防治体系建设、优化水产养殖空间布局、倡导绿色生态的健康养殖模式等都是农业优质发展的关键。为了加速农业绿色化、优质化和特色品牌化进程，需要拓展和壮大民族奶业，建设现代化海洋渔场，并建立产学研一体化农业科技创新制度。此外，应加大农业绿色生态建设的力度，深度实施食品安全战略，不断完善农产品质量和食品安全标准体系及监管体系，保障消费者的饮食安全。

三是推动农村一二三产业融合发展。实现多种农业功能，提升产业链、价值链和利益链，确保农民分享产业链增值利益。推进农产品加工业升级，淘汰落后产能，支持地方加工、转化和增值项目，强化产品分类、包装和销售环节，建立现代农产品冷链仓储物流体系和销售公共服务平台，完善农产品产销对接机制，加强电子商务基础设施建设。鼓励市场主体创新，发展基于互联网的新型农业产业模式。这些新型模式包括“互联网+农业”“电商+农业”“共享经济+农业”等，可以通过整合线上和线下资源的深度融合，拓宽农产品的市场覆盖面和销售渠道，激发农村经济的活力和竞争力。同时，实施农村电子商务综合示范项目，加快农村流通体系的现代化进程同样至关重要。将广泛推广电商、物流等信息化技术，优化农产品的流通网络和市场体系，提升市场信息的透明度和决策的科学性。建设休闲观光公园、集体森林、医疗保健基地、农村居民点和特色小城镇，大力发展农村共享经济、特色农业和特色文化产业。

四是建立新的农业外部开放模式。为了优化资源配置、提升生产效率和增强我国农产品的全球竞争力，需要建立新的农业外部开放模式，包括加强有特殊优势的农产品出口，扩大高附加值农产品的出口量，同时建立健全农业贸易政策体系，深化与“一带一路”合作伙伴的农业贸易合作。通过这些措施，可以加快我国农业的现代化进程，提高农产品的质量和品牌效应，促进农业的可持续发展。同时，需要积极支持农业开放发展，致力于培养具有国际竞争力的新型农民和农业企业等新型农业经营主体。可以通过鼓励农民、企业家参与国际交流、学习国际先进技术和管理经验等方式来实现。通过这些措施，可以推动我国农业实现从“大而全”到“小而美”的转变，提高农业的核心竞争力，推进农村产业结构的优化和升级。

第五，致力于农民与现代农业的协同发展，关键在于整合新兴农业企业资源，为农民及农业企业提供全面支持，并精准施策，引导农作物生产融入现代农业发展体系。为此，需构建广泛的市场服务体系，强化农业生产的社会化服务网络，助力农民提升生产效率。同时，积极推动合作社与合作组织的多元化发展，形成多样化的农业发展组织架构，尤其要激发新型农业经营主体的活力，打造大型农业合作区域，以畅通农产品市场渠道。在此基础上，我们着重支持农民发展生态农业、开展农业试验及深化农产品加工，旨在实现农业生产量的增长与产品价值的提升，并拓展农业发展的多维空间。此外，还需不断改善农民的生产条件，提升其应对农业风险的能力，并加速推进农民生产政策的研究与落实，为农民和现代农业的融合发展提供坚实保障。

农业产业振兴旨在确保主要农产品和服务有效供应、提高管理水平、促进农民就业和收入、保护资源和环境、协调城乡产业发展，以解决城乡差距和农村发展不足问题（张红宇，2018）。实现这些目标是实现乡村振兴的前提和基本要求，农业产业繁荣是乡村振兴的基础，其在乡村振兴中的作用主要体现在以下四个方面。

第一，农业产业繁荣为人们提供了良好的生活保障，满足人们对更高质量、更安全、更健康、更优质的农产品的需求，保障了国家粮食安全。

第二，农业产业繁荣为农民提供了可靠的收入来源，缩小了城乡居民收入差距，满足了农村居民对收入快速增长的迫切需要和强烈期望，提高了农民就业质量和收入水平。

第三，农业产业繁荣能够吸引更多的城市人才到农村从事农业、农村和农民工作，在农村进行创新、创业和发展，为振兴农村汇集了人才和人力资源。

第四，农业产业繁荣是乡村振兴和可持续发展的重要保障，为农村政治、文化、社会和生态文明的建设提供了物质条件和基础。

因此，要实现乡村振兴，必须将产业兴旺摆在重要位置，必须坚持产业优先发展的原则。对于欠发达地区民族地区的乡村振兴战略的实施，更应该将产业兴旺摆在重要位置，因为这些民族地区受到环境的制约，产业发展相对滞后，亟须解决产业发展面临的难题，只有提高这些地区产业发展水平，增加农民收入，才能更好地实现乡村振兴的目标。

10.3 我国特色乡村产业发展的重点任务

我国的乡村产业发展还处于初级阶段，面临产业水平不高、资源利用效率低、经济效益有限的挑战，一些劳动密集型产业往往集中在城镇。要想改变这种情况，需要立足于农村资源的优势，建立与城市产业协同发展的新格局。

为了促进乡村产业的可持续发展，应分阶段设定十年为一周期的农村产业发展目标，以提高农村整体实力和农村产业内在动力。目标设定应科学、合理、可行，聚焦于区域重点产业的发展和主要经济指标的增长速度，以推动农村经济的可持续发展。提升产业竞争力、主导产业比重、经济密度、资源利用效率和劳动生产率，培育龙头企业，通过构建创新系统和机制，加强研发，优化资源配置，开发新产品和新技术，引入人才与资本，开拓市场，实现产品价值最大化，建立利益共享机制。

一是在可持续发展方面，坚持绿色理念，注重资源节约、环境保护和社会效益，降低能耗、污染排放，发展清洁生产，加强废弃物处理，提升生态效益与社会效益。乡村产业发展需要逐步推进，优先确定目标和任务。应重点强调四项关键任务：①确保主要产品和服务的供应，发展现代农业，开发适合农村资源特点和市场需求的多样化产品。②农产品供应是主要的发展任务。③发展现代农业，提高重要农产品的生产能力，巩固国家粮食安全基石。④开发农村资源优势的多样化产品，为城乡居民提供优质产品和服务，以满足城乡居民需求。

二是保护乡村资源和环境，实现绿色可持续发展，需平衡经济与生态关系，避免重蹈先污染后治理覆辙。政府和企业应加强源头防控，完善管理制度，加强对重点产业和关键行业的监督，采用先进的环保技术，开发农村环保产业，促进资源循环利用与污染控制。

三是就业促增收。乡村产业承担着创造稳定优质就业、促进乡村经济持续快速发展的重任，特别是乡村非农产业在增加就业收入方面作用显著。因此，应充分发挥其潜力，以增收为前提。

四是实现城乡资源、环境和产业的协调发展，加强城乡工业化衔接和乡村产业发展的一体化，缩小城乡经济差距。

10.4 国内外乡村产业发展的方法和经验

10.4.1 发达国家发展乡村产业的做法

发达国家的城市化率较高，乡村产业发展较为成熟。根据其不同的资源禀赋和历史文化背景，大致可归纳为以下三种模式。

一是城乡统筹发展型。以加拿大为例，凭借丰富的土地资源，该国通过一系列扶持政策，不断提升农业的规模与机械化程度，并强化城乡一体化的管理体系。在此过程中，加拿大政府深刻认识到非农产业对于农业发展的重要性，致力于推动城乡产业的深度融合。为此，加拿大推行了“农村合作伙伴计划”，并建立了“农村视角”评估机制，以全面考量政策与项目对农村居民及产业发展的实际影响。这些举措有力地推动了加拿大农村地区的经济发展，使得农村人口比例从 1931 年的 67% 显著下降至 21 世纪初的 11%，同时，农村旅游、加工制造、商贸服务等非农产业也得到了蓬勃发展。

二是强产业聚焦型。以荷兰等为代表，依托本地农业优势，打造具有国际竞争力的农业产业链。荷兰采取“高投入、高产出”的战略，专注于发展高附加值的技术密集型温室作物、园艺产品及畜牧业，并通过构建完善的农业教育、科研及推广体系，不断提升农业生产的科技水平。荷兰的温室面积占全球总量的1/4，农产品出口量位居世界第一，花卉出口市场更是占据了全球70%的份额。此外，荷兰还积极倡导建设“充满活力的乡村”，鼓励农民自发成立合作社与协会等组织，以优化农业农村环境，吸引农民自愿留乡发展。

三是产业交叉整合型。这些国家以农村资源为核心，推动一二三产业的深度融合与协同发展，打造独具特色的产业体系，以支撑地方经济发展，并让农民共享增值收益。日本的“造村运动”与“一村一品”理念，以及韩国的“新村运动”，均为这一模式的杰出实践。这些运动不仅改善了农村的基础设施条件，还促进了各类产业的快速发展，形成了主导产业，同时，也优化了农村的生活环境，激发了农民的创造力与活力，实现了城乡的和谐共进。

10.4.2 国内发展乡村产业的探索

中国在乡村产业发展方面探索出了多种模式，包括扩大产业功能边界，促进产业整合；实现从生产到加工再到销售的无缝对接；依托当地资源发展优势主导产业的区域发展型模式；通过集体经济组织带领村民因地制宜发展现代农业和农村二、三产业，形成了集体带动型的发展新路径。这些探索不仅有效扩展了农村产业的空间布局，创新了产业形态，还加速了农村一二三产业融合发展进程，并且利用当地绿色生态资源和独特的地域文化，促进农业与旅游、教育、文化、卫生、养老等多个领域的深度融合，从而催生了休闲农业、养生农业等新兴业态。

10.4.3 国内外实践的经验启示

发展乡村产业是国内外促进城乡一体化发展所面临的重大课题。通过对国际经验和国内实践的总结和分析，得出以下经验启示。

一是坚持将农民利益放在第一位，坚持绿色发展理念，坚持城乡统筹发展。二是制定合理、目标明确的长短期规划。三是坚持市场主导和发挥好政府调控引导相结合。四是政策扶持。五是拓展业态，促进一二三产业融合发展。

10.5 产业兴旺案例分析与经验总结

10.5.1 湖南省安化县黑茶产业发展案例分析

安化县黑茶产业的蓬勃发展，得益于互联网的深度融入，其在宣传推广、销售拓展以及物流配送等多个维度均取得了显著成效。通过构建全面的互联网基础设施，实现了全县所有村庄宽带与广播的普及，为黑茶产业的数字化转型奠定了坚实的基础。在此基础上，建立了互联网交易平台，不仅为黑茶企业开辟了直面消费者的直销渠道，也为乡村居民提供了更为便利的购物体验。同时，加强互联网人才的培养，显著提升了当地电商从业者的专业素养，为黑茶产业的线上发展提供了坚实的人才支撑。此外，物流配送体系的优化，进一步提高了黑茶产品的物流效率，确保了产品能够迅速送达消费者手中。这一系列举措的推行，不仅推动了安化县黑茶产业的迅猛发展，也为乡村居民创造了更多的就业机会和收入来源。随着黑茶产业的繁荣，与之相关的附加产业，如物流运输、快递服务、茶叶生产性服务、产品包装以及旅游服务等，均得到了显著的发展壮大。其中，服务业的崛起尤为显著，这主要归因于以下两点原因：

第一，服务业的进入门槛相对较低。无论是环保清洁、快递、交通运输还是网络销售等服务业，其投资门槛普遍较低，且投资灵活性高。与大规模工业相比，服务业的初期投资规模较小，回报周期短，投资风险相对较低。此外，服务业以人力资本投资为主，投入的资本流动性好，且以服务人民为根本，符合党的发展理念。例如，发展快递物流业，仅需设立快递点、招聘相关人员并提供物流运输服务即可，无须大规模的基础设施建设、设备投资和原材料投入，投资风险小而收益可观。同时，服务业的就业门槛也较低，为乡村低技能劳动力提供了广阔的就业空间。

第二，服务业的发展符合当前社会的发展趋势。在乡村农产业发展过程中，融资、销售、生产技术服务、运输和储存等问题亟待解决，而这些问题的解决离不开服务业的支持。因此，大力发展乡村服务业，提高乡村服务业水平，将有力推动其他农产业的快速发展。从国际经验来看，服务业在 GDP 中的比重是衡量一个国家是否发达的重要指标之一。发达国家服务业的发展经验表明，服务业已成为促进经济发展的重要动力源泉。随着城市服务业的成熟，乡村服务业的发展将成为新的增长点。提升农村服务业态不仅有利于农村经济的发展，还有助于促进城乡交流与融合。

综上所述，安化县黑茶产业的成功发展，不仅推动了当地经济的快速增长，也为乡村服务业的崛起提供了有力支撑。未来，随着服务业的持续发展，乡村经济将迎来更加广阔的发展前景。

10.5.2 安化县黑茶产业发展经验总结

一是精准定位了具有显著发展潜力的特色产业——黑茶产业。安化县凭借其得天独厚的地理环境，高寒气候与山水相依的自然条件，为茶树生长提供了优越环境。加之黑茶种植历史悠久，可追溯至晚唐五代，其“渠江薄片，一斤八十枚”的记载便是明证。安化县委县政府充分利用这一自然与历史双重优势，将黑茶产业确立为主导产业，辅以其他辅助产业，逐年扩大产业规模与税收贡献，成功找到了适合本地发展的特色产业路径。明确特色产业是乡村产业振兴的首要任务，它不仅决定产业发展方向与格局，更在很大程度上影响着乡村产业兴衰。因此，精准定位特色产业是驱动乡村产业发展、减贫脱贫与乡村振兴的关键。

二是安化县政府对黑茶产业给予了强有力的政策扶持与引导。在县委县政府的积极倡导下，黑茶产业近十年来迅速崛起，众多黑茶企业遍布全县多个乡镇，涌现出湖南华莱生物科技有限公司、白沙溪茶厂等实力雄厚的龙头企业，这些企业年产值与税收遥遥领先，为乡村经济发展与民众脱贫致富作出了巨大贡献。若无政府的积极鼓励与引导，黑茶产业的发展速度难以如此迅猛。

三是互联网技术的广泛应用为黑茶产业插上了翅膀。起初，安化县黑茶产业规模较小，但随着产业的不断发展壮大，其对相关产业的带动作用也日益显著。互联网技术的普及，特别是互联网基础设施与物流配送体系的建立，为黑茶市场开辟了线上销售新渠道，实现了与消费者的直接沟通与销售，推动了黑茶产业的规模化与龙头企业的形成。同时，互联网还加速了安化县其他产业的发展，促进了产业间的融合，形成了“互联网 + 黑茶”“互联网 + 旅游”及“黑茶 + 旅游”等多元化发展模式，构建了以黑茶为核心，药材、柑橘、旅游为辅助的产业发展新格局。

四是抓住了政策与市场双重机遇，成功推动了黑茶产业的快速发展。政策支持与补贴为产业发展提供了强大动力，同时通过互联网销售与健康产品市场的拓展，黑茶产业成功扩大了市场份额。此外，黑茶产业还积极融入健康元素，提升产品竞争力，并抓住科技创新机遇，与高校、科研机构开展产学研合作，提高黑茶科技含量与品质，从生产、销售到品牌建设全面提升竞争力。这些措施共同促进了黑茶产业的蓬勃发展，也为贫困户提供了脱贫机会。科技创新不仅提升了黑茶企业的生产效率与产品品质，更为黑茶产业的一体化与战略化发展开辟了新路径，如开发新型黑茶饮料与煮茶器等，促进了茶周边产业的发展，进一步巩固与加强了产业发展成果，加速了产业发展步伐。

10.5.3 云南省怒江州草果产业发展案例分析

怒江傈僳族自治州，坐落于滇西北的横断山脉纵谷之中，是举世闻名的“三江并流”世界自然遗产的核心区域，亦以“怒江大峡谷”的壮丽景观而享誉全球，构成了滇西北不可或缺的边境防御线。这片广袤的土地总面积达1.47万平方千米，却以超过98%的比例被高山峡谷所占据，耕地稀缺，复垦难度大，森林茂密，覆盖率高达75.3%，自然保护区占比更是超过60%，使得生态保护任务艰巨，人地矛盾异常尖锐。得益于中、北亚热带季风气候的恩赐，怒江地区降水充沛，热量充足，年平均气温介于10℃～20℃，年降水量在1100～2500毫米，自然条件得天独厚。然而，怒江亦是全国“三区三州”深度贫困地区之一。截至2017年底，全州255个行政村中，贫困村占比高达88%，贫困人口达16.4万，占全州总人口54.4万的38.4%，产业基础薄弱，非支柱产业的匮乏成为制约怒江地区脱贫致富的关键因素。

近年来，怒江地区积极响应“绿水青山就是金山银山”的发展号召，将习近平总书记“生态本身就是经济”的理念转化为实际行动，紧密围绕云南省世界级“三张牌”战略部署，依托当地丰富的自然资源与优越的气候条件，探索出了一条绿色发展的新路径。通过大力发展以草果为核心的绿色调料产业，怒江找到了摆脱贫困的有效途径。在怒江、独龙江及其支流区域广泛推广草果种植，成效显著。截至2018年底，草果鲜果产量已达3.6万吨，年增长率高达21%，产值突破5亿元大关，种植面积与产量均占据云南省的半壁江山，怒江已成为全国草果的核心产区，草果产业也成了当地贫困群众脱贫致富的支柱产业，有力推动了乡村产业的繁荣与民众的富裕。

自20世纪80年代初草果被少量引进怒江以来，历经历届州委州政府的持续推动，草果已在怒江大地生根发芽，结出了丰硕的经济果实。怒江州在草果产业发展上的主要做法包括：

一是因地制宜，发挥优势，精准培育。基于怒江州独特的土壤、气候、光照及林地资源，制定了一系列扶持政策，通过多部门资金整合、激励机制建立及无偿提供果苗等措施，为草果产业发展注入了强大动力。

二是示范带动，创新模式，全面推广。注重发挥示范点的引领作用，选派农技人员驻村指导，培养种植能手进行试种，建立试点基地，以点带面推动产业发展。同时，加强技术支撑，创新经营模式，提升组织化与专业化水平，实现产销一体化。

三是强化研发，提质增效，转型升级。成立草果产业发展研究所，深化与高校、科研机构及企业的合作，开发“草果 +”系列新品，加强品牌建设，推动草果产业从零散发展向重点致富产业转变，实现了产业发展的质的飞跃。

10.5.4 云南省怒江州草果产业发展经验总结

1. 善于因地制宜绘制草果产业发展蓝图

草果原产于越南，古籍中关于草果的记载最早可见于宋朝寇宗奭编撰的《本草衍义》，当时称草果为草豆蔻。草果属多年生常绿草本植物，是一种生长于亚热带山区常绿阔叶林下的重要的药食两用经济作物，其适宜栽培地和产量都相对有限。然而，对于位于中国深度贫困地区“三区三州”之列的怒江州而言，这里却是草果生长的理想天堂，得天独厚的自然条件为草果的繁衍生息提供了完美的环境。怒江河谷地区山高坡陡、耕地资源稀缺，发展草果产业，是怒江州统筹推进脱贫攻坚与生态建设同步发展的重要措施之一。因地制宜，科学规划，是怒江草果产业蓬勃发展的关键所在。自 1978 年泸水县上江供销社从腾冲引进首批 24 株草果苗以来，历经 40 多年的辛勤耕耘，草果在怒江实现了从无到有、从小到大的历史性跨越。目前，全州草果种植面积达 103 万亩，覆盖21个乡镇116个村，挂果面积达36万亩，年产量鲜果达2.96万吨，产值达5.3亿元，惠及17400余户60900余人，其中，建档立卡贫困户约11300户39580人，人均增收2700余元，直接带动约10800户37800名贫困户实现脱贫。怒江州用40多年时间绘制了一幅壮丽的草果产业扶贫蓝图，居住在怒江河谷的老百姓说："为子女盖一间房，不如种十亩草果""要脱贫致富，先要种草果""金果银果不如种植的草果"……草果产业在怒江的发展得到了广泛的认可，老百姓发展草果产业的愿望强烈、积极性高。草果产业成为怒江贫困群众增收脱贫的支柱产业，被誉为"绿色银行"和"致富金果果"，生动诠释了习近平总书记提出的"绿水青山就是金山银山"的发展理念，在这片土地上，怒江人民不仅赢得了脱贫攻坚战的胜利，更在保护生态环境方面取得了显著成效，实现了消除贫困与保护生态的双重目标。2017年4月27日，中共中央对外联络部举办的"怒江草果扶贫故事"活动，赢得了国内外领导和来宾的高度赞誉。乌拉圭广泛阵线主席米兰达说："我们是应中国共产党的邀请来华访问的，在云南省怒江州，我们直接看到了中国地方政府在扶贫政策方面的一些具体经验。我认为云南省的实践是一个典范，我非常赞赏中国为摆脱贫困所做的巨大努力。"

2. 得益于政府主导扶持草果产业发展

怒江州深入践行"绿水青山就是金山银山"的生态文明理念，紧密结合生态产业扶贫的实际需求，主动调整产业结构，转变经济发展模式，制定了建设百万亩林果基地与百万亩中药材基地的战略规划。针对当地群众面临的产业不稳定及增收难题，全州各族干部群众齐心协力，探索出了一条退耕还林与农户增收并重、土地绿化与经济发展双赢的新路径——大力发展草果种植产业。为推进这一产业，州、县农林部门积极行动，组织干部深入农户家中，广泛宣传动员，并提供草果种苗，鼓励农户将坡度25度以上的耕地退耕还林，转而种植草果。为确保草果产业的顺利发展，州委、州政府成立了专门的领导小组、协调小组和技术攻关指导组，制定了《关于加快草果产业发展的意见》《怒江州草果产业发展管理办法》，并编制了《怒江州草果产业发展总体规划（2014—2020）》，为怒江草果产业的持续健康发展提供了坚实的制度保障。此外，怒江州还发布了《怒江州加快农业产业发展的指导意见》，进一步明确以“绿色生态、特色精品、优质高效、健康安全”为发展目标，以片区化布局、规模化发展、组织化推动、产业化建设为着力点，集中力量做精做优怒江草果产业。

3. 得益于科技支撑

怒江州成立怒江州草果产业发展研究所，在草果产业提质增效上不断探索新技术、新方法，争取云南省农业科学院的技术支持，重点对草果品种选育、品质分析化验、产品深加工、病虫害种类鉴定、绿色防控技术措施等方面进行指导。同时，怒江州还精心编纂并出版了《怒江草果》一书，全面而详尽地介绍了草果的特征习性、育苗技术、栽培技术、病虫鼠害防控以及采收加工等方面的知识，为草果产业的发展提供了宝贵的理论依据。在实践层面，怒江州于2017年成功举办了6期草果种植管理技能培训，共培训了670人次，有效提升了当地农户的种植技能。此外，怒江州还投入300万元在贡山县普拉底乡其达村打造了万亩草果提质增效示范样板，成功完成了11100亩的示范面积建设。为了进一步强化草果种植的精细化栽培管理，怒江州在现有草果种植区实施了50万亩的提质增效计划。同时，在福贡、贡山等怒江沿岸海拔1500～2100米的次适宜区，特别是坡度超过25度的土地上，通过辅助性设施新种植了10万亩草果。怒江州草果研究所还积极探索草果产品的深加工领域，对草果的挥发油或精油成分、草果的茎叶和茎秆等展开了深入研究，从而进一步延长了草果的产业链，为怒江州草果产业的持续健康发展注入了新的活力。

4. 善于因势利导发展草果产业

2016年，怒江州委、州政府顺应时势，成功引入云南能投集团投资5900万元，在福贡县石月亮建设了怒江大峡谷草果加工交易中心，这一举措标志着怒江州草果及其他农副产品种植、加工、仓储、交易全产业链的形成。为推进扶贫产业发展，怒江州政府多方筹措资金，每年确保5000万元专项用于草果产业发展，涵盖基础设施建设如道路、灌溉、水利及电力设施完善，草果良种繁育与引进，抗逆良种培育、高产栽培技术及病虫害防治研究。在此基础上，怒江州建立了超过50个连片规模化、丰产高效的标准化草果示范基地，并制定了地方标准及栽培技术规程，引导农民实施标准化生产与管理，统一加工技术标准，显著提升产品质量。同时，怒江州还积极发挥能人的引领作用，以打造富民产业为目标。针对部分贫困群众因思想观念保守、缺乏创业勇气而难以增收的问题，州内各级部门灵活施策，鼓励并支持那些敢于尝试、勇于创业、能力出众的致富带头人率先种植草果并取得成功，进而激发广大群众的参与热情，形成“能人带动、群众参与”的生动局面。例如，2007年，独龙族老县长高德荣率先在独龙江畔试种草果，并传授技术给4000多名独龙族群众，带动全乡草果种植面积达66086.5亩，挂果率达40%，产量达742吨，产值超过1300万元。普拉底乡其达村的村委会书记余学明也是典型代表，他不仅自家草果种植面积扩大至600多亩，年收入超80万元，还带动全村90%以上农户参与种植，部分农户年收入达10万元以上，使草果产业成为其达村的支柱产业，该村也成为全乡人均纯收入最高的地区。

10.5.5 贵州省六盘水市“三变”改革产业发展案例分析

六盘水市提出了“农村资源变资产、资金变股金和农民变股东”的发展理念，旨在深度激活农村资源潜力，通过农民股东化促进乡村全面振兴。在这个过程中，已成功将40.7万亩集体土地、143100亩集体林地及4244万平方米水域转化为股份资产，极大提升了农村资源的利用效率。同时，74.65万名农民通过多样化参与方式共享改革红利，累计分红达7.48亿元，人均直接受益2805元，显著改善了农民的生活水平。为深化农村改革，六盘水市还积极推广了包括“三变特色农业”“三变农村旅游”“三变易地搬迁扶贫”“三变景区景点”等12种创新发展模式，并构建了涵盖土地储备股权、资金股权、森林资源股权等12种股权形式在内的多元化股权体系。这些模式的实施，不仅激发了农民的积极性和创造力，也为农村经济的持续发展注入了强大内生动力。在六盘水市使用“三变”改革的具体案例如下。

案例一：翰林街道办事处“三变”激活“三闲置”。盘州市翰林街道走“因地制宜，城乡发展”的道路，通过“三变”激活“三闲置”，培育翰林农贸市场等“三变”经营主体。翰林街翰林农贸市场“三变”工程是华屯居委会领导的“三变”改革的成功案例，充分发挥了“四集中”的优势，发挥了经济人才的主导作用，有效解决了城市“两难”和“三闲”问题。该项目总投资2400万元，占地28亩，建筑面积2万平方米，已建成120个门面、526个摊档和2个停车场。城市闲置资源得到有效利用，低收入者和贫困家庭将通过“三变”改革释放的优质资源，参与价值链，从农民工收入和股权红利中获得收益。

案例二：润永恒公司在水城县米箩镇的俄戛村建立了猕猴桃工业园，已完成投资1.5亿元，建成了旅游区、采摘体验区、实验区等。公司采用“五连接”模式和“五个坚持”模式，大力发展猕猴桃产业，共支付922.3万元与其他公司建立了联盟，共同帮助贫困户脱贫。同时，公司还通过“公司+基地+农民”的模式培养专业农民，实现共同富裕。

案例三：水城县蟠龙镇木城社区居委会原有的100亩莲池曾是一片荒废的土地，农民一年四季都没有收获。2015年以来，木城社区居委会依托木城柒桶河的优良水资源和丰富的少数民族文化，采用“公司+村合作社+贫困户”的模式，建设生态旅游休闲度假景区，项目包括种植280亩莲花，吸引174名农民入股景区，按照“721”规则进行分红。公司主要负责管理、产品研发和销售，占股份的20%；村合作社因其对基础设施和自然资源的管理与贡献，占股份的10%；贫困户以土地入股，占股份的70%。此外，他们每年可以获得1300元/亩的保底分红，有效带动了174名农民摆脱贫困，有效实现贫困户与商业主体之间的有机联系。2015年以来，木城景区举办了多次大型庆祝活动和两次莲花艺术节，吸引了30万名游客。通过钓鱼圈的宣传，每周有50多名钓鱼爱好者来木城生态休闲捕鱼区钓鱼，而且参加烧烤、野餐和室外活动的人数也在逐年增加。

案例四：蟠龙镇蜜蜂养殖示范基地。蟠龙镇蜜蜂养殖示范基地采用“合作社+养殖大户+贫困户”的模式开展蜜蜂养殖。以“三培养”为出发点，把贫困家庭人员培养成养蜂专业人才、养蜂技术专家和富裕领导，以“三个转变”为立足点，实现贫困家庭人员向专业农民、专业农民向技术工人、技术工人向富人的转变。通过“541”分红方式，引导村民致富，即50%的股份归养殖大户、40%的股份归贫困家庭和10%的股份归农村集体合作社。在专业养蜂户的带领下，每个养蜂场吸引了10个贫困家庭入股参与，他们平均每个月承担3天的值班任务，涵盖了养蜂场的材料管理、环境卫生维护和养蜂技术学习，使贫困家庭“学会一种技能，养一箱蜜蜂，脱贫一家人”。目前，该镇已建立标准养蜂场31个，拥有中式蜜蜂4100箱，通过出售蜜蜂、蜂种获利。2017年6月10日，养蜂场首次获得134000元的利润，并将其中53600元作为奖金发给了60多个贫困家庭。随后，又有80多个贫困家庭投身养蜂事业，300多人掌握了养蜂的基本技能。2017年底，蟠龙镇新建了100个养蜂场，预计蜜蜂数量达5000桶，惠及1000个贫困家庭，家庭养蜂年收入约3万元。

案例五：盘关镇天富刺梨园区创新发展机制，通过建立联村党委与合作社机制，积极参与“三变”改革并强化投入保障，成功开辟了一条生态美、产业强、平民富的脱贫新路径。覆盖8个村的刺梨产业发展园区面积达3.12万亩，创造了近400个就业岗位，农民的月收入达1500元以上，实现了全域脱贫的目标。

案例六：水城市米箩巴朗河现代高效农业科技示范园，是一项总投资额高达1.08亿元的现代农业标杆项目。该项目依托企业平台，创新性地采用“公司+村级合作社+贫困户”的运营模式，并以股权为联结纽带，深度践行“三变”理念。园区内建有35座高效生产大棚，由龙头企业引领，带动周边民众参与低风险创业就业，确保农产品从生产到销售全程可控、可追溯，显著提升农产品品质。尤为值得一提的是，此项目中，全镇3421名贫困人口占56%的股份，共享发展成果。

贵州省六盘水市的“三变”改革适用范围广泛并且灵活多变，对于地区的产业发展具有非常明显的促进作用。这种改革属于一种体制机制改革，不同于特定的产业发展模式，其本身没有直接起到产业发展的作用，必须将这种体制机制应用到特定的产业发展中才能实现其应有的功能。这种体制机制的改革主要作用在于它为地区产业发展创造了优良条件，通过“三变”改革，农村资源变成了资产、资金变成了股金、农民变成了股东，为大规模和集体化产业发展开辟了新的路径。而要实现乡村产业的规模化发展，实现规模经济，最重要的就是将小农户、小生产和小规模转变为现代化、规模化和产业化的大发展，“三变”改革无疑对这种转变起到了重要作用。

10.5.6 贵州省六盘水市“三变”改革经验总结

“三变”改革通过为农村经济注入活力、拓宽农民致富渠道和为农村经济发展提供保障，在农村地区实现了资源再利用和优势开发，实现了资源灵活利用和农民致富。资产收入对农民而言，其重要性日益凸显，往往远超传统劳动收入，成为推动农民收入加速增长的关键力量。“三变”改革是合理的，因为它符合经济发展的规律，提高了农民资产性收入在总收入中的比重，并通过让农民拥有土地所有权来改变仅依靠农作物收入的农村发展模式。随着农民获取资产和工资收入的增加，他们的生产热情也提高了，政府、企业和农民之间的合作桥梁更加稳固，共同推动了农村土地和自然资源的优化配置，促进了乡村旅游和特色产业的发展，从而唤醒了农村沉睡资源、激活了股份资产、利用了闲置劳动力，塑造出独特的农村形态。其主要经验总结如下。

第一，“三变”改革在改变社会生产关系和解放农村生产力方面发挥了重要作用。通过一系列措施，从可持续发展、农民收入增长和产业优化等多个角度确保了农村经济的稳健前行。“三变”改革的一个重要变化是农业部门的重组。积极改善和调整农村生产关系，进一步释放和发展农村生产力。此外，政府引导、企业参与的发展模式，促进了生产主体的多元化和经济形态的多样化，依托农村特色资源，形成了独特的农村发展模式。以水城县榆硕镇为例，该镇依托“三变”改革，深入挖掘彝族文化，打造了世界陀螺文化博物馆、国家森林公园和滑雪场等标志性景点，为农村旅游注入了新活力，形成了一种独特的、多元化的农村发展方式。

第二，“三变”改革体现了整合农村资源，集中力量办大事的思想。通过“三变”改革，一是将农村集体荒山、公共基础设施等转化为入股资本，激活了农村闲置资源；二是农户将土地承包权、林权、房屋等资产和资金、技能作为入股要素，成为真正股东，调动了农民的积极性，有效解决了经营主体的投资与管理难题；三是相关产业的发展带动了本地就业，吸引了青壮年返乡，解决了农村土地荒芜的问题。

第三，善于培育市场运作的主体。在农村“三变”改革中，六盘水市积极注重市场主体的培育，重点培育和支持农业龙头企业和农民专业合作社，积极组织地方农业企业参加国家和省级重点龙头企业的申报和评审，实施《六盘水市龙头企业申报评价方法》《六盘水市加快农民专业合作社发展壮大实施方案》等政策措施，对有实力从事农业（畜牧业）生产、加工、流通的企业进行评选，对国家、省、市重点龙头企业实施贷款利息减免、财政补贴等优惠政策。在行政村建立农民专业合作社，对运行良好、带动农民增收致富的农民专业合作社给予政策支持。通过股权把村集体、市场运作主体和农民联系起来，形成责任共担、利益共享的共同体。

第四，灵活运用政策杠杆。改革的根本任务是解放和发展生产力，坚持以经济建设为中心，处理好改革、发展和稳定的关系。改革是把生产力从僵化的制度约束机制中解放出来，进一步发展生产力。六盘水市农村“三变”改革充分发挥了金融支持产业发展的优势，整合了各产业发展的投入资金，按照“渠道不乱、用途不变”的原则，将资金注入村集体或农民专业合作社作为农民的入股资本，代表农民持股。这一做法不仅使一次性投资获得了长期回报，还极大提高了财政资金的使用效率、为农村“三变”改革注入了强劲的动力。

10.6 产业兴旺案例对欠发达地区民族地区产业兴旺的启示

10.6.1 因地制宜发展特色产业

在推动欠发达地区民族地区产业振兴，进而实现乡村振兴的宏伟目标中，首要任务是明确适宜当地发展的产业方向。鉴于这些地区在地形、气候、土壤及降水等方面的显著差异，各区域均展现出独特的自然条件，这直接决定了产业发展路径的不可复制性。正如古语所云，“橘生淮南则为橘，生于淮北则为枳”，产业选择必须精准对接地域特性。

因此，关键在于精准定位特色产业，依据各地区的自然环境特征与过往产业发展经验，整合并发挥本地资源优势，精心培育与本土条件相契合的特色主导产业。在此过程中，成功案例如安化黑茶与怒江草果的产业发展模式，提供了宝贵的经验。政府应发挥主导与引领作用，依据地方实际，扶持并鼓励一种或几种主导产业的崛起，这些主导产业不仅能自身壮大，还能辐射带动周边产业，共同编织成完善的产业链条。此外，深化周边产品的研发、生产和销售，是提升产业规模化与产业化水平的关键一环，有助于实现产业创新。科技应用同样是产业发展的强大驱动力，通过科技赋能，可以显著提高生产效率与产品质量，为产业发展注入强劲动力。同时，巩固产业发展成果至关重要，唯有持续强化，方能确保产业规模与市场份额的稳步增长，实现产业的可持续发展。促进消费也是产业发展战略中不可或缺的一环，地区消费市场的快速扩容，为产业发展开辟了更为广阔的市场空间。最终，通过构建既多元又独具地方特色的产业发展格局，实现乡村产业的繁荣兴盛，不仅能够推动地区经济的长期稳定发展，更能为乡村振兴奠定坚实的基础。

10.6.2 变革乡村社会生产关系，使之适应社会生产力发展的需要

乡村产业发展必须建立在乡村社会生产力极大提高的基础上，必须变革乡村社会生产制度，促进乡村社会生产力的发展，正如改革开放解放和发展了社会生产力、提高了经济发展速度和推进了中国现代化一样，乡村的制度变革是解放乡村生产力和实现乡村产业兴旺的必要条件，只有乡村社会生产力得到极大的提高，乡村产业才能够取得极大的进步。生产关系不仅取决于生产力的发展，而且对社会生产力具有反作用力，有什么样的生产力就要有什么样的生产关系与之相匹配，滞后或者超前的社会生产关系都可能成为生产力释放的绊脚石。在当前我国社会生产力极大提高的情况下，旧的社会生产关系无法适应新的生产力发展需要，

阻碍了社会生产力的进一步解放和发展，因此必须通过改革社会制度、优化和革新不合理的社会体制，调整生产关系以适应生产力的发展需要。以当前乡村普遍实行的家庭联产承包责任制为例，随着现代化的加速，机械化、工业化及信息化生产方式逐渐成为主流。在此情境下，小农户、小规模、分散化的生产关系显然已无法适应规模化、产业化的生产模式。因此，要实现乡村产业的繁荣，就必须对乡村社会生产关系进行根本性变革，以解放和发展乡村社会的生产力。而变革乡村生产关系，最为直接有效的途径便是革新乡村社会生产制度，这是一种从宏观、全局角度出发的基础性变革，其影响力具有普遍适用性。贵州省六盘水市的“三变”改革，便是一个生动的实践案例。通过“三变”改革，六盘水市不仅革新了乡村的生产方式，还有效释放了生产力，为产业发展奠定了坚实的制度基础，创造了优越的条件，巩固了发展成果，拓宽了发展格局，为集中化、现代化、规模化的产业发展铺设了坦途。因此，欠发达地区民族地区应积极借鉴六盘水市“三变”改革的成功经验，勇于对乡村社会生产关系进行变革，使之更好地适应并推动生产力的发展，从而引领乡村产业走向更加繁荣的未来。

10.6.3 鼓励乡村服务业发展

在中国推行脱贫攻坚战略之前，乡村服务业领域如旅游业、快递物流、农产品电商、农产品加工及医疗服务业等几乎处于空白状态。得益于国家政策的强力支撑，农村儿童虽能普遍接受九年义务教育，但乡村教育资源的匮乏——学校数量有限、设施简陋、师资力量薄弱，许多学生未能完成全程学业，多数在完成初中教育后便外出务工，无缘更高层次的教育。因此，乡村服务业的崛起成了精准扶贫战略的重要基石。精准扶贫不仅改善了农村基础设施，如道路交通、水电供应及网络覆盖，还打开了乡村通往外界的窗口。以安化县为例，在精准扶贫期间，其县域基础设施得到了全面升级，为黑茶等农产品的销售与服务，以及各类服务业的发展奠定了坚实基础。对于欠发达地区民族地区而言，优先发展乡村服务业，推动其繁荣兴盛，对于实现乡村振兴具有深远意义。当前，通过发展乡村服务业促进欠发达地区民族地区乡村振兴的优势显著：一是乡村服务业已具备坚实的发展基础。脱贫攻坚期间，这些地区的基础设施建设取得了长足进步，包括电力、通信、交通、水利及环保等，为乡村服务业的兴起提供了必要条件。例如，道路网络的完善为乡村旅游和快递业务的发展创造了可能。二是乡村服务业的准入门槛相对较低。诸如快递、乡村旅游、家电维修等服务项目，不需要大规模资金投入或复杂设备购置，关键在于人力资本的投入。服务业的核心在于以人为本，通过人的服务来实现价值，这是服务业对乡村振兴最为关键的贡献。三是乡村服务业蕴含着较大的利润空间。在当前服务供给不足的市场环境下，乡村服务业几乎处于半垄断状态，如某些乡镇的家电维修、快递服务等，仅有一两家服务商覆盖整个区域，这些行业的利润率相较于传统行业更为可观。

10.7 欠发达地区民族地区乡村产业发展的基本路径和政策建议

10.7.1 基本路径

乡村产业的发展需要以市场为基础，并得到政府的支持和引导。制定基本产业目录，编制重点产业经营业态目录和重点产业系统目录，明确乡村产业的发展方向和优势领域，为乡村产业的发展提供指导和支持。建立产业效率评价体系，对乡村产业的效能和贡献实施科学评估，为优化资源配置和提高乡村产业的效益提供参考。同时，建立和完善制度政策体系，为乡村产业的发展提供有力的政策支持和保障，加速乡村产业的转型升级，确保其可持续发展。另外，还需要激发各类市场主体活力，加强农村人才培养、技术支持和市场开拓，增强乡村产业的竞争力和创新能力，实现乡村产业的长期发展。

第一，构建城乡要素公平分配、公共服务供给一体化的乡村产业政策支持体系。

加大农村公共资源配置力度，改善农村产业发展环境。加强农村基础设施建设，实现城乡交通一体化，提高农村交通安全管理水平和饮用水安全意识，完善农村宽带、水电和垃圾处理等设施。建立教育培训和规范管理体系，大力培养乡村技术带头人、现代青年农民和新的领导人。实施科技兴农战略，构建现代农业产业技术体系，建设农业科技园区、科技成果转化中心和高新技术产业培育基地。制定优惠政策吸引城市资本、人才、技术等向农村流动。

第二，深化农村土地制度、集体产权制度和农村行政管理体制的改革，促进乡村产业的发展。

首先，为确保农业与农村发展的可持续性，应当构建土地安全机制，并优化土地保障体系，允许经济建设用地以股份合作形式参与，并积极推动农村休闲旅游业和三大产业的融合发展。其次，深化农村集体产权制度改革，实现土地所有权、承包经营权和土地经营权的“三权分立”，激发农村集体经济组织的发展潜力，为农村经济注入新活力。最后，推进农村行政管理体制改革，强化农村基层管理，发挥好县级党委的领导核心作用，加大农村社区建设试点力度，促进农村一二三产业融合发展，推动农业产业化进程，促进国内外农业市场协调发展。

第三，推进产业横向一体化，形成多样化、有特色的乡村产业发展模式。

一是为了发挥地方经济的潜力，需要考虑当地的资源禀赋和产业发展能力，结合地方的区域特色和优势，探索发展具有自身优势的特色产业。在发展特色产业的过程中，需要注重规模化、专业化、规范化的生产，以提高生产效率和产品质量。同时，还要开发出高质量、高目标、特色鲜明、高附加值的特色产品，以满足市场需求。为了实现区域经济的发展，还需打造和发展区域大品牌，提高地方产品的知名度和美誉度，推动当地经济的长期稳定发展。在选择特色产业的过程中，还需考虑产业历史文化，挖掘地方传统产业的潜力，以促进经济转型和发展。构建农产品市场体系，致力于培养新型农民和经营者，改革和优化农产品流通体制，完善仓储、冷链物流等基础设施。建立农产品网络营销服务平台，促进农业合作社和企业与市场的产销对接，支持城市社区建立生鲜农产品直销网点。创建以基础产业、特色产业和潜在产业为重点的现代特色工业园区，建立一批带动能力强的现代化农业产业园区，健全农村一二三产业融合发展利益联结机制，让农民更多分享产业增值收益，在产业园区实施税收优惠政策，吸引各种类型企业入驻园区，减轻企业税收负担。

二是加快发展新兴产业和农村多元化产业，包括大力发展乡村休闲旅游业，通过整合资源，提升乡村旅游的品质和服务水平，增加农民收入。首先，推进生态农业和森林公共服务体系建设，积极发展农村电子商务，通过信息技术的应用提高农村产品的品质和销售效率，完善农产品电子商务标准体系，建设农产品电子商务平台和农村电子商务服务站，为农民提供更多的销售渠道。其次，积极倡导新型农业生产主体、流通加工企业和电子商务公司之间开展深度合作，推动农业产业化经营和电子商务的紧密融合，加速农村经济结构的优化升级。同时，打造电子商务工业园区，为农村电子商务的发展提供更好的条件和保障。再次，加快发展现代食品工业，引导加工企业集中到主产区、集中产区和工业园区，以推动农产品加工集群的壮大，提升传统食品产业的产业化和规模化水平。最后，除了发展与农业相关的产业，我们一要引导城市新兴产业在农村特色城镇发展，其中包括互联网和相关服务业；二要完善产业链配套，加强核心产业建设，确保产业链的顺畅；三要完善周边产业，如包装、物流、仓储、餐饮等，为主导产业提供坚实的支撑和服务。

三是优化农村发展政策和机制框架，让农民共享发展红利。首先，健全农业保险政策，拓宽农业保险覆盖范围，提高保险赔付标准，并探索实施价格保险、收入保险，创新“保险+期货”模式。值得一提的是，中央财政应考虑出台对地方特色农产品保险的专项“补贴”政策。其次，建立密切利益关联机制，以支持农民和新的经营主体开展订单农业，并进一步规范合同内容，严格执行合同管理。鼓励新型农业经营主体与广大农民签订保护性合同，根据收购金额进行利润返还和二次结算，从而增加农民的收益。再次，应积极推进股份制和股份合作制改革，打造利益共同体和命运共同体，使农民在产业链增值中分享更多收益。最后，在加工与销售环节，应确保农民能够参与分享初级农产品增值带来的利润，以推动农业产业链的延伸与农民收益的提升。

10.7.2 政策建议

1. 推动农村产业深度融合发展

乡村振兴战略着重于农村产业的多元化融合，不仅依赖第一产业农业，更通过“延长产业链、提升价值链、完善利益链”的战略，促进农村一二三产业的紧密融合。这要求不仅在企业（合作社）内部实现产业一体化，还需在乡村区域内构建跨产业的融合发展模式。发展多功能农业，即一二三产业融合，关键在于各地依托本地资源环境条件，深度挖掘农业的多功能性，实现多元价值。要因地制宜调整农村经济结构，重视各类资源的多元化利用，包括历史文化资源的开发与利用，开展多样化社会活动，推广创意农业。在农业产业化进程中，工业化和服务业化提供了新的转型路径，应与物流、电子商务、金融保险、房地产以及旅游、餐饮、卫生和养老等服务业相结合，丰富农村产业形态。同时，要充分利用现代绿色农业的多元价值和功能，增强农村经济综合发展的附加值。在县域经济层面，农业应向后一体化发展，工业企业向前延伸，服务业充分发挥引领和对接农业的作用。通过组织和制度创新，培育利益共同体，优化农村资源和资产的配置。

2. 提升农业社会化服务水平

生态资源的多样性是人类社会多样性的基础，也是生态文明多样性的根源。为此，需推进农业社会化，建立服务体系和服务组织，为小规模农户提供全面服务。同时，构建农业物质技术装备体系，加强农业科技研发与推广，创新农产品销售模式，搭建农产品供销信息平台，加速农村电商发展，利用互联网实现农产品直销。此外，鼓励城市先进技术和人才下乡，提高“工业品下乡”效率，将农村产业发展与城市龙头企业引进、科技人才指导、科技项目对接，打造农区、园区、镇区互动的产业融合发展先导区，促进乡村产业繁荣。

3. 深化农村体制机制改革，强化生产要素支撑

为激活土地生产要素活力，破除体制机制障碍是实现乡村产业兴旺的关键。需建立土地流转平台，促进土地合理利用与流转，培育土地流转中介服务机构，确保流转有效性。探索闲置宅基地利用，适度放活使用权，促进整治与流转，通过发展特色产业、乡村旅游等方式提高经济效益。留存建设用地结余指标，满足三次产业融合发展需求，为未来乡村发展预留空间。建立城乡一体化公共服务体系，提升农村基础设施和公共服务水平，加大对农村教育、医疗、社会保障等投入，扩大普惠金融和电商服务覆盖面。健全政府、企业、个人共同参与的城市化机制，促进农民工融入城市，加强权益保护和社会保障，提高福利待遇。鼓励社会资本发展农业服务业、农产品加工业和休闲旅游养老产业，促进农村一二三产业融合发展。

4. 发展立体循环农业，传承农耕文明

农业不仅具有食品保障功能，还具备原料供给、就业增收、生态保护、观光休闲、文化传承等多重功能。现代农业需注重开发这些多重功能，其中最高层次是传承农耕文明。推进农业生态化转型，发展资源节约型、环境友好型农业，即立体循环农业，维护生物多样性，满足人们对休闲养生农业的需求，实现慢食、慢村、慢生活的传承，提升生活幸福感。

5. 壮大农村集体经济，促进小农经济现代化

小农经济虽可能阻碍整体经济实力提升，但仍是农村经济的重要组成部分。通过发展集体经济，引导小农经济向现代化转型，符合邓小平农业现代化“两个飞跃”理论。明确集体拥有乡村资源资产，形成集体经济资产；通过内部定价使资源成为可交易资产，吸引外部投资，实现资产增值；村集体建设资产管理和收入分配机制，将定价资产纳入合作社或私营企业。政府应捆绑资金作为启动权益基金，推动农民以资源入股，深化集体经济。

6. 制定新政策推动“市民下乡”，参与乡村振兴

城市中产阶级的消费需求为农村资源带来巨大增值空间。为促进三产融合和多功能现代农业发展，应鼓励城市居民和社会资本进入农村，参与合作社和中小企业的建立；促进农村创新主体发展，为农村注入新动力。城市居民可租赁农民土地管理权、房屋等，开展农家乐等商业活动。

7. 促进乡村服务业发展

乡村产业发展离不开生产性服务业的提升。要解决融资难、技术和服务缺乏、交通物流不发达等问题，需发展乡村生产性服务业，如金融服务、物流服务、网络销售等，为产业发展提供服务。服务业发展符合

以人为本的发展思想，有利于提高乡村剩余劳动力就业，改变生活方式，提高生活质量，对乡村产业兴旺和乡村振兴都具有重要意义。

8. 推动乡村社会生产关系变革

乡村生产力与生产关系之间的矛盾阻碍了乡村发展。家庭联产承包责任制下，小农经济无法实现规模化生产，导致生产消费错配。需逐步变革乡村社会生产关系，使之与现代化社会生产力相匹配。通过制度和体制变革，释放农村剩余土地资源和劳动力，活化生产资料，解放生产力。促进乡村社会生产关系向社会化、集体化和规模化方向变革，建立乡村产业发展的制度基础和体系，实现乡村产业的大发展和大繁荣。

11　生态宜居

11.1　生态宜居的概念及提出

生态文明不仅是推动人与自然和谐共生的内在需求，更是关乎中华民族长远繁荣发展的基石。生态的繁荣直接关联着文明的兴盛。若要圆中华民族伟大复兴的中国梦，加强生态文明建设，打造美丽中国，无疑是一条必由之路。党的十九大高瞻远瞩，将实施乡村振兴战略纳入国家发展的重要蓝图，视其为全面建成小康社会、迈向社会主义现代化的历史性重任。习近平总书记深刻指出，乡村振兴战略应成为引领新时代“三农”工作的核心，推动农业实现质的飞跃、农村全面发展、农民生活水平全面提升。2018 年，中共中央、国务院颁布了《乡村振兴战略规划（2018—2022 年）》，为乡村振兴提供了行动指南。在指导“千村示范，万村改造”工程时，习近平总书记再次重申了构建生态宜居美丽乡村的重要性，强调这是实现乡村复兴的关键所在，而精准把握“生态宜居”的标准，则是推进这一宏伟目标的核心要素。

乡村振兴的重点在于生态宜居。推动乡村生态振兴，应坚持绿色发展，加强农村突出环境问题综合治理，扎实实施农村人居环境整治。实施乡村振兴战略，生态宜居是关键，良好的生态环境是农村的最大优势和宝贵财富。农村美不美、环境优不优、农民富不富关系到全面建成小康社会和广大农民的根本幸福，关系到农村社会文明与和谐。我们必须深刻理解推行乡村生态振兴的意义与必要性，将生态放在首位，实现绿色发展，推动乡村人居环境整治，强化资源环境保护，完善水、电、路、气、房、通信基础设施，协调山、水、林、田、湖、草的保护和建设，守护绿水青山，守护纯净田园风光，打造生态宜居美丽乡村，推动乡村振兴健康有序进行。良好生态环境是最公平的公共产品，是最普惠的民生福祉。加快提高生态环境质量，提供更多优质生态产品，定能使良好生态环境成为人民生活品质的新增长点，让人们在高质量发展中过上更健康、更幸福的高品质生活。

11.1.1 新中国成立以来中国共产党的生态观演进

自新中国成立以来，以毛泽东同志为核心的党的第一代中央领导集体，在马克思主义认识论的基础上，深刻阐述了人与人、人与自然之间的辩证关系。然而，在实践中，如“大跃进”运动、“全民大炼钢”运动及“文化大革命”等，因过度开发自然资源，我国生态环境遭受重创，诸如水土流失、沙漠化等问题频发，对经济发展和民众生活产生了深远影响。毛泽东在反思社会主义建设的过程中，认识到平衡发展的重要性，强调了经济整体的均衡是实施群众路线的基础。

随后，以邓小平同志为核心的党的第二代中央领导集体，在吸取历史教训的基础上，深刻认识到保护生态环境的重要性，并对生态环境与经济发展的协调问题进行了深入探讨，初步构建了中国共产党生态观的基本框架。首先，正视了我国的人口、资源与环境问题，指出虽然“地大物博”“人口众多”曾被视为优势，但庞大的人口也意味着对自然资源的更大需求，从而增加了生态环境的压力。其次，认识到自然生态环境对经济发展的重要性，如四川、陕北等地特大洪灾的发生，就与森林过量采伐直接相关，邓小平因此提出了减少砍伐、鼓励间伐的建议。再次，强调了科学技术在环境保护和资源开发中的关键作用，将

“科学技术是第一生产力”的理念应用于环境保护领域。最后，重视环境保护的法治建设，这一思想突破为中国共产党的生态观注入了新的活力。

在党的十三届四中全会后，面对人口、资源、环境对经济持续发展的压力，以及全球化进程的加速，以江泽民同志为核心的党的第三代中央领导集体，在更广阔的国际视野中传承和发展了邓小平的生态观，形成了一系列全面的生态环境建设战略思想。强调生态环境与中国的可持续发展密切相关，需要国际社会的共同努力。这一思想不仅推动了国内生态环境建设的进步，也在全球环境问题改善中发挥了重要作用，彰显了中国的大国责任。

进入21世纪，随着工业化和城镇化的加速推进，我国对自然资源的需求不断增长，资源环境约束日益严峻。以胡锦涛同志为总书记的党中央更加注重可持续发展，将社会主义生态文明观从孕育到写入党代会报告，实现了重大突破。

党的十八大以来，以习近平同志为核心的党中央，开启了中国特色社会主义生态文明新时代，形成了习近平生态文明思想。这一思想深入人心，“绿水青山就是金山银山”的绿色发展观，为中国共产党关于人与自然关系的理论体系和话语体系注入了新的活力，成为马克思主义人与自然关系思想史上的里程碑，为21世纪的马克思主义生态文明学说的创立作出了历史性贡献。

11.1.2 生态宜居提出的重要性

一是生态文明建设在乡村振兴中发挥着重要主导作用。党的十八大召开后，以习近平同志为核心的党中央，高度重视生态文明建设，并以此为抓手，统筹推进“五位一体”总体布局，协调推进“四个全面”战略布局。乡村振兴战略具有全方位、多角度、深层次等特点，发展乡村经济，需要全面考虑到政治因素、社会因素、文化与生态文明的关系等。

二是打造生态宜居家园，实现乡村振兴，是国家强盛的重要基础。乡村是具有自然、社会、经济特征的地域综合体，兼具生活、生产、生态等多重作用。乡村与城镇互促互进、共生共存，共同构成了人类活动的主要空间，是城乡居民的米袋子、菜篮子、果盘子。

三是要加强生态文明建设，打造乡村振兴驱动器。我国社会主要矛盾已经转化为人民日益增长的美好生活需要和不平衡不充分的发展之间的矛盾，我国的乡村经济正在由劳力经济、资源经济向规模经济、知识经济迈进，逐步实现生态经济高质量发展转型，必须坚定地走技术发展、资源节约、环境友好的集约化道路，以绿色化劳动推动自然资本的增值，达到人与自然的协调发展。

11.2 乡村振兴视域下生态宜居乡村建设中存在的问题

11.2.1 过于重视产业兴旺和生活富裕

党的十九大报告明确提出了实施乡村振兴战略，各级地方党委政府对此积极响应，全力以赴地推进。在实施过程中，他们共同聚焦于核心要素——强化经济建设与工业发展，并积极培育新兴产业，旨在迅速提升村民收入，推动农村农业的全面繁荣。因此，一幅幅经济转型升级的生动画卷在广袤乡村徐徐展开，有的村庄深耕果林业，有的则兴办企业，还有的积极招商引资，遍地开花，活力四射。为加速这一过程，各地纷纷出台优惠政策，吸引能人返乡，推动新业态如乡村旅游、餐饮及大棚蔬菜种植等蓬勃发展。他们坚信，这是通往经济繁荣、产业兴旺的必由之路，也是农民生活质量提升、迈向小康社会的坚实基石。然而，在经济建设如火如荼的今天，生态环境保护的问题逐渐凸显，部分地区的重视程度尚显不足。一些乡村产业活动导致了严重的环境污染，包括化肥、农药及农膜使用不当造成的污染，工业排放污染，畜禽养殖污染，以及乡村旅游带来的环境压力等。同时，农村地区的生态环境基础设施建设相对滞后，尤其是污水处理和垃圾处理设施严重不足。更令人担忧的是，部分农民对于主动加强乡村生态环境保护、参与生态文明建设的意识还相当薄弱。

11.2.2 一哄而上的“一刀切”

中央制定的发展方针应由各级地方政府，包括省、市、县、乡，切实抓好贯彻落实。在响应国家振兴乡村的号召时，基层单位往往过于注重工业化调整和发展经济，视其为首要任务，旨在实现农民致富。然而，部分村庄缺乏矿产等特殊资源，也不具备地理区位优势，发展路径受限，只能依赖农业和养殖业。在此背景下，一些村庄采取了土地集中流转的方式，大规模种植猕猴桃或发展大棚蔬菜。但这种一哄而上的“一刀切”现象普遍存在，不仅给村干部带来了巨大压力，也让百姓无法真正受益，反而引发了诸多抱怨。这种未能充分结合各地区实际情况、盲目追求经济发展的做法，导致了资源的严重浪费，扶贫资金也未能精准有效地使用。

11.2.3 人民群众没有足够重视

在当前经济迅猛发展的背景下，个体往往更侧重于追求自身经济利益，这一现象在欠发达地区民族地区尤为显著。对于当地农户而言，经济条件成为其发展的首要瓶颈。因此，生态宜居乡村建设本应成为推动地区发展的新动力，然而，由于人们对生态价值的认识不足，往往将其视为与经济利益相冲突的存在，担心建设生态宜居乡村会削弱经济收入，未能充分认识到其潜在的长期经济效益。此外，欠发达地区民族地区的居民对于生态环境保护的重要性普遍缺乏深刻理解，表现出一种冷漠的态度。他们往往认为生态宜居乡村的建设是政府官员的职责，与个人无关，这种观念极大地阻碍了生态宜居乡村建设的顺利推进。

11.2.4 地区发展差距过大，一些村庄的基本生活设施仍没有保障

当前，我国面临着一个亟待解决的现实挑战：地区间及城乡经济发展差异显著，尤其是欠发达地区民族地区，因自然条件相对封闭，经济发展滞后，导致当地农户的收入和生活水平远低于国家其他区域。在这些地区，基本生活设施的建设与保障成了一大难题。具体而言，许多欠发达地区民族地区的村庄在农业环境卫生、农村厕所改造及农村饮用水安全等方面进展缓慢，严重影响了当地居民的基本生活条件。这些问题不仅关乎居民的生活品质，更是健康与安全的重大隐患，亟须得到妥善解决。

11.2.5 没有明显的乡村特色

为了有效提升乡村风貌并切实改善农民的生活状况，政府已付诸诸多努力。然而，由于工作规划与实施均高度集中于政府层面，当前的生态宜居乡村建设往往呈现出景观相似、建设模式雷同、群众文化表现趋同等问题，各个村庄难以展现其独有的文化风貌。在乡村振兴的进程中，乡村农业生产合作化与社会化服务的水平仍然相对较低，这无疑限制了农户收入水平的提升。尤为值得注意的是，众多欠发达地区民族地区的农村，其自然与人文环境独具特色，这为乡村生态文化建设提供了宝贵的资源。因此，应当积极探索如何在乡村生态文化建设中，妥善保护并弘扬这些地区独特的文化特色。

11.3 生态宜居长效机制的设定

自21世纪初以来，随着工业化步伐的急剧加速，中国遭遇了能源匮乏、资源枯竭以及环境污染等日益严峻的生态危机，这些问题成为经济社会发展的重大制约因素。在此背景下，对工业文明与生态文明进行

了深刻反思，倡导尊重、保护与顺应自然的理念，旨在促进自然与人类社会的和谐共存，推动实现可持续的生产与消费模式。构建生态文明的核心目的在于缓解并最终解决工业文明背景下人与自然之间的紧张关系，通过反思超越工业文明的局限，寻求人与自然和谐发展的新路径。

“十三五”规划提出了生态文明建设的基本思路，“坚持绿色富国、绿色惠民，为人民提供更多优质生态产品，推动形成绿色发展方式和生活方式，协同推进人民富裕、国家富强、中国美丽”。切实推动生态文明建设，提升欠发达地区民族地区的生态宜居水平，助力乡村振兴目标的实现，需要从多个方面发力。具体体现为转变农业发展方式，培养全社会的生态意识，促进生态法治建设，持续改善农村人居环境，加强乡村生态保护与修复等。另外，还需要将转变经济发展方式和建设高层次生态文明紧密结合，为我国摆脱生态困境、实现经济社会生态的全面发展提供长效路径。

11.3.1 转变农业发展方式

1. 优化经济结构，提高资源利用效率

在规划乡村产业发展时，需全面布局，力求生产空间的集约高效与生态宜居的和谐统一。应坚定不移地秉持“绿水青山就是金山银山”的绿色发展观，决不以生态环境为代价换取短期利益或虚假繁荣。面对部分贫困地区将贫困归咎于地理位置偏远、环境恶劣及资源匮乏的现状，应从积极视角出发，认识到一些自然条件独特的山区，可通过发掘山水资源实现脱贫致富。通过大力发展旅游扶贫、绿色种养等模式，众多地区正探索一条生态文明建设与经济发展相互促进的脱贫新路径。同时，坚决整顿“散乱污”企业，化解过剩产能，依法治理环境污染，确保人民福祉。应充分利用自然资源优势，将优良生态环境视为乡村产业的最大生态资产，重点发展生态旅游、生态种养，推动现代生态循环农业，探索高效模式，并在农村推广绿色节能建筑与农用节能技术，发展“互联网+”智慧能源，打造农村能源革命示范区。政府需引导市场运作，因地制宜，精准施策，大力提升农作物秸秆的综合利用水平，实现其饲料化、能源化、基料化、原料化、肥料化多元应用。

2. 加强技术创新和推广应用，促进产业结构调整

生态技术创新是传统技术与自然生态学的深度融合，成为指导性原则的创新体系。这要求将生态文明理念融入技术创新全过程，实现生态环境与经济活动的有机统一，从“生态—经济—社会”系统的高度审视技术创新，确保在生态环境承载范围内实现可持续增长，最大化生态综合效益。生态技术创新对生态产业发展具有关键支撑作用，需将生态效益与社会效益纳入技术创新目标，促进经济增长、生态平衡、社会和谐及人的全面发展。国家应提供财政、税收政策支持，引导企业聚焦生态技术创新，营造良好创新环境。企业应将生态技术创新纳入经营战略，制定策略，完善管理体系，实现生产全过程生态化控制，加强节电、节油农业机械与农产品加工设备的研发改进，以及节水、节肥、节药技术的研发应用。

3. 深化农业清洁生产，集中整治农业环境问题

加强农业投入品标准化管理，完善追溯体系，推进化肥、农药减量使用，健全农药风险评估技术标准，严格饲料安全管理。加快种养循环一体化进程，建立有机废物收集转化网络，促进农林产品加工剩余物资源化利用，实施禁运制度。严禁秸秆焚烧，加大研发投入，推动秸秆综合利用。开展畜禽粪污资源化利用试点，实施土壤污染防治计划，详查土壤污染状况，分类管理受污染耕地，有序开展治理修复。加强重金属矿区污染综合治理，综合防控农业污染。加大地下水超采治理力度，控制用水总量。严格工业和城镇污染治理，确保达标排放，建立监测体系，加强执法监管，推动环境监测、执法向农村延伸，严禁未经处理污

染物进入农业农村。

11.3.2 培养全社会的生态意识，促进生态法治建设

建设生态文明不仅要依靠“德治”，还要依靠“法治”。在生态文明建设过程中，既需要在全社会牢固树立生态文明理念，增强全民生态文明意识，使生态意识在全社会形成一种自下而上的强大推动力，也需要大力推进生态法治建设，引导公众保护生态环境。

1. 培养全社会的生态意识

习近平总书记指出：“我们要建设的现代化是人与自然和谐共生的现代化，既要创造更多物质财富和精神财富以满足人民日益增长的美好生活需要，也要提供更多优质生态产品以满足人民日益增长的优美生态环境需要。”综合运用宣传教育手段，将“人与自然是生命共同体”这一核心生态意识在全社会树立起来，让“尊重自然、顺应自然、保护自然”成为每一位公民自觉遵守的行为准则。社会生态文明建设的进程直接受到生态意识水平的制约，全社会生态意识水平的提升，是推进生态文明建设的重要途径和基本保证。培养和激发公民的生态意识，充分发挥人的主观能动性、创造性，是生态文明建设的直接切入点。目前，社会大众对生态环境现状表示不满，认识到了生态文明建设的重要性，但还存在诸如环保知识不足、生态消费意识淡薄等问题，这主要归因于我国生态文明教育体系尚不完善，生态文明并未真正成为公民素质教育的重要内容，政府过度追求 GDP 增长，企业逐利行为失控，生态文明教育重理论传播轻实践参与，缺乏系统深入的生态意识培育，未能从人类可持续发展的高度审视生态环境问题。为此，应当思考培育多元的生态文明建设主体。

生态文明人人有责，人人参与。首先，政府应当建成“生态型政府”。“生态型政府”以遵循自然生态规律、促进生态平衡、实现人与

自然和谐共生为基本目标，追求生态效益、经济效益和社会效益的统一，并把生态效益置于首位。政府应成为生态建设、环境保护的引领者，强化生态优先的执政理念。彻底抛弃“黑色 GDP”，全力推行“绿色 GDP”，将资源、环境、生态评估指标纳入政绩考核体系，建立生态政绩评价机制，确保政府行为符合生态标准。同时，应拓宽生态建设意见表达渠道，倾听公众声音，吸纳生态行政专家参与决策监督，将生态承载力与环境保护置于行政决策的核心位置。通过建设“生态型政府”，树立良好生态形象，对社会公众产生强大的示范和引领作用。其次，企业应定位为“生态文明建设者”。企业是社会财富的主要创造者和资源、能源的主要消耗者，也是环境污染的主要责任者。作为现代市场经济中长期经营的企业主体，必须认识到以生态破坏为代价得到的经济利润是短暂而不可持续的。追求持续经营的企业，其利润目标应建立在人与自然和谐共生的基础之上。企业不仅是“经济人”，更是“社会人”，全社会应当形成一种共识，即只有树立生态文明理念，自觉承担社会责任的企业，才能获得社会认同，实现长期价值而非短期利润最大化。最后，公众应当成为生态文明建设的主动参与者。我国区域经济文化发展水平不均衡，公众生态意识差异很大，特别是城乡差异，所以在生态文明素质宣传教育行动中，必须根据各地民众的收入水平、文化教育水平、不同年龄群体等特点以及不同贫困民族地区的主要污染来源等结构性因素，整合利用不同的教育资源，有针对性地设计宣传教育实施方案，强化生态文明建设的参与观念。在宣传教育中应充分发挥大众传媒的引导力，通过公益基金鼓励媒体宣传生态文明建设科普知识，让生态文明理念贯穿于社会大众日常行为规范中。同时，应开展绿色村庄、生态示范户、绿色学校等创建活动，引导公众改变生产、生活、消费观念。应加大环境法治的宣传力度，将生态环境保护与资源管理要求纳入村规民约，提升村民的环境保护意识，使其转化为自觉行为。生态文明素质教育不应局限于学校教育，而应向广泛的社会教育拓展，形成自下而上的强大推力，加速提升全社会生态文明意识。

2. 促进生态法治建设

党的十九大深刻阐述了推进生态法治建设的紧迫性，明确提出需提升污染排放标准，强化排污者责任体系，并建立健全环保信用评价、信息强制公开及严惩重罚机制。在此基础上，构建政府引领、企业主导、社会组织与公众协同参与的环境治理新格局，积极参与全球环境治理，践行减排国际承诺。这一系列举措标志着我国生态治理正稳步迈向法治化轨道，致力于构建符合中国国情的生态法治体系。法治作为维护社会和谐稳定的基石，其核心在于调和利益冲突，规范社会关系，促进社会和谐。实现生态文明目标，维持生态平衡，推进生态和谐，亟须将生态治理纳入法治框架。生态法治旨在保障生态利益，推动企业在可持续发展理念下运营，此趋势自 20 世纪 70 年代以来已成为全球法治发展的重要潮流。然而，改革开放以来，我国法律体系在“经济发展优先”导向下，对生态环境保护的关注不足，导致相关法律体系不健全，经济发展与生态保护难以并进，引发了一系列生态危机。部分地方政府为追求 GDP 增长，甚至采取“土政策”招商引资，纵容环境污染与生态破坏，形成了“先污染后治理”的恶性循环。面对这一严峻现实，我们必须认识到，地方政府需摆脱“批示依赖”，中央应建立科学的考核机制，确保地方政府利益与中央目标一致，避免地方利益与中央生态目标之间的冲突，通过法律手段有效监管污染，强化环境责任追究，构建常态化的生态法治体系，方为生态文明建设的正道。

生态法治的全面实施涵盖立法、执法、司法、守法及法律监督等多个环节，共同保障生态和谐。在立法层面，需创新立法理念，树立人与自然和谐共生的现代生态文明观，将尊重、顺应、保护自然的价值观融入生态法治建设。同时，构建多层次、系统化的生态法律体系，明确各级管理部门权限，确立生态破坏赔偿、公众参与问责及生态预警等制度，实现经济发展与生态保护的有机统一，为公众参与环境监督提供法律支撑。立法之外，严格执法同样关键。习近平总书记指出："如果不沉下心来抓落实，再好的目标、再好的蓝图，也只是镜中花、水中月。"生态法治建设需狠抓执法，严惩违法排污行为，强化环境责任追究机制，包括将环境行政责任法律化、实行环保责任终身追究制，并增强责任追究的公开透明度。通过生态司法和法律监督，引导公众依法合理开发资源，恢复和调整受损生态秩序，共同守护绿水青山，迈向生态文明新篇章。

11.3.3 持续改善农村人居环境

习近平总书记强调："中国要美，农村必须美，美丽中国要靠美丽乡村打基础。"乡村振兴，生态宜居是关键。要加快改善农村的人居环境，打造生态宜居的新农村，实现百姓富与生态美的统一。以建设美丽宜居村庄为导向，推进农村垃圾、污水处理和村容村貌提升的各项基础设施建设。注重解决制约农村生产生活的突出问题，因地制宜地推进农村人居环境整治，全面提高农村人居环境质量。

1. 加快补齐突出短板

为了提升农村环境卫生水平，应当着力加强农村生活垃圾管理，构建贴合实际的垃圾收集、转运及处置体系，并积极推行垃圾分类与资源化利用策略。同时，加大对非法垃圾堆放点的整治力度，推动"厕所革命"深入实施，广泛推广各类卫生厕所，并强化其无害化处理与资源化利用能力。此外，需分阶段有序开展农村污水治理行动，不断扩大城镇污水收集管网的覆盖范围，逐步消除农村黑臭水体现象，全力保护农村饮用水源地的安全与健康。

2. 着力提升村容村貌

应当科学规划村庄建筑布局，提升农村住宅设计品位，同时巧妙融合地方特色与区域民族风情。加速推进通村入组公路建设，解决村内道路泥泞、村民出行难题，确保交通便利。全面推动农村绿化工程，精心打造富有乡村韵味的绿化景观，增添自然之美。此外，还应改善村庄的公共照明、公共空间及庭院环境，提升农村居民生活品质，杜绝私搭乱建现象，营造整洁有序的生活空间。同时，加强卫生乡镇建设，持续推动城乡环境整洁行动，打造干净卫生的生活环境。集中资源，全力打造生态优美、宜居宜业的村落，实现村落形态与自然环境的和谐共生，推动可持续发展。

3. 建立健全整治长效机制

为了推动农村建设的全面发展，应完善县级农村建设规划体系，确保实用性村庄规划得以有效实施，并加强对乡村建设的管理与许可制度。同时，建立农村人居环境整治的长效机制，充分发挥农村民主管理的积极作用，促进建设与经营管理的专业化和市场化。为此，应健全服务绩效评价机制，探索并实施农民参与垃圾污水处理费用分担制度，合理平衡财政补贴与农民支付的比例。此外，要依法简化农村人居环境整治建设项目的核准与招标流程，提高行政效率，并不断完善农村人居环境相关的标准体系，以全面提升农村居住环境质量。

11.3.4 加强乡村生态保护与修复

为了全面提升乡村生态环境质量，应加强生态保护与修复工作，构建完善的生态环境保护体系，优化乡村生产生活条件，增强自然生态系统的稳定性与生态产品供给能力。具体措施如下：

1. 实施生态系统保护与修复工程

协调维护山、水、林、田、湖、草等系统，强化生态安全屏障。重点推进三北、长江防护林体系建设，加大退耕还林还草力度，提升森林品质。同时，加强有害生物防控，实施退牧还草、草原防灾减灾等项目，保护修复乡村河湖湿地生态系统，恢复河塘行蓄能力，推进退田还湖还湿等工作。综合治理石漠化、荒漠化及水土流失问题，打造生态清洁小流域，改造绿色小水电。加快国土综合整治，开展农村土地整治行动，复垦历史遗留损毁土地，加强矿产资源开发集中区生态恢复，保护野生动植物，防控外来入侵物种。为重大生态恢复工程提供气象保障，探索生态恢复型人工增雨项目，以科技支撑生态保护与修复。

2. 健全生态系统保护制度

完善天然林、公益林保护制度，细化管控措施。加强草原生态监管，执行禁牧和草畜平衡制度，落实草原经营者责任。完善荒漠生态与环境保护体系，保护沙区天然植被及绿洲。推行河长制、湖长制，并向村级延伸。划定饮用水源保护区，加强水源涵养区、蓄洪滞涝区、滨河滨湖带保护。严格落实自然保护区、风景名胜区等保护制度，支持地方与国家公园体制结合试点，推动核心区农牧民生态搬迁。

3. 完善生态保护补偿机制

发展生态保护产业，提高生态环境质量与资源利用效益。建立健全生态环境损害赔偿制度，鼓励地方探索赎回、出租、置换等方式保护森林，执行草原生态保护奖励政策。设立禁捕补偿制度，保护长江流域重点水域。鼓励上下游地区建立横向补偿机制，促进市场化、多元化生态补偿。建立和完善用水权、排污权、碳排放权交易制度，推动生态恢复项目参与碳汇交易。探索服务补偿、自然补偿等多元化补偿方式，提高补偿针对性与有效性。

4. 发挥自然资源多重效益

发展生态旅游、种植和养殖产业，构建乡村生态产业链。挖掘利用林草、湿地等自然资源，促进集体经济组织灵活运用生产资产。鼓励社会主体参与生态保护修复，允许符合条件的经营主体在治理面积内从事旅游、康养等产业开发。深入推进集体林权制度改革，扩大商品林经营自主权，鼓励多种形式适度规模经营。完善生态资源管护机制，设立生态管护员职位，号召当地居民参与生态管护。完善自然资源有偿利用制度，探索生态资源价值评估方法。

12 乡风文明

12.1 引言

2018 年，习近平总书记强调指出，实施乡村振兴的战略，是党的十九大作出的重大决策部署，是决胜全面建成小康社会、全面建设社会主义现代化国家的重大历史任务，是新时代“三农”工作的总抓手。在乡村振兴战略中，乡风文明是不可或缺的组成部分，也是最为关键的部分，更是乡村振兴战略的灵魂所在。

近年来，乡村文明的新风尚已深深植根于乡村生活的各个角落。遵照党中央的明确指引，全国各地积极推进乡风文明建设，不仅极大地丰富了乡村居民的文化生活，还有效提升了农民的受教育程度和整体素质。然而，鉴于我国地域辽阔且地区间发展不均衡的现状，部分区域，特别是经济发展水平相对滞后的地区，仍面临一些陈规陋习的困扰，这些现象与当前乡村文明建设的目标背道而驰。本章力图探讨乡风文明的基本内涵，系统梳理中国乡风文明建设中面临的问题，剖析问题产生的原因，并在此基础上，结合乡风文明建设和发展的实际需求，提出切实可行的解决方案和政策建议，以期进一步推动乡村的全面振兴与和谐发展。

12.2 乡风及文明乡风的内涵和乡风文明建设的内容

当前学术界对乡风文明建设的解释主要集中在理论研究和现实意义两个方面。倘若研究词语的含义和内容，我们可以发现，乡风文明建设是建立在对“乡风”和“乡风文明”两个核心词的阐释之上的，既是现代城市文化摒弃传统乡村文化的有机载体，又是新时代城乡一体化建设的政策走向和乡村居民的需求所在。

12.2.1 乡风的基本内涵

乡风，从精神层次和制度层次反映了中国乡村的现实风貌。乡村的政治、经济、文化与乡风息息相关，可以看出乡风的独特形式及内容。

学者们普遍认为，乡风的基本内涵涵盖两大方面：一方面，乡风是乡村居民自幼耳濡目染、代代相传的不成文习俗与规范，它融合了乡村居民的思想观念、人情世故、风俗礼仪及道德习惯等多维度的行为模式。由于中国地域辽阔，各地地理环境、地域文化的差异显著，这些风俗习惯因而具有深厚的地域烙印，根深蒂固且难以轻易改变。另一方面，乡风本质上属于文化范畴，是乡村特有的一种文化形态，它在乡村范围内逐渐孕育出独特的地域特征、历史文化及思维方式。由此可见，乡风内涵丰富多元，呈现多角度特征。

乡风的内涵随着时代的发展而不断演变，一旦形成并趋于稳定，其影响力便具有持久性。乡风的影响深远，能在特定时期内拓宽乡村居民的精神视野，提升物质生活水平。它通过各种方式悄然传播，潜移默化地影响着乡村居民的生活习惯，并在部分地区发挥模范引领作用。

据此，学术界对乡风内涵的阐释和理解表明，乡风渗透于农村生产生活的各个领域，体现在农民的精神风貌上，同时也是一定区域内人们共同遵循的生活准则、道德传统、习惯与规则约定的综合反映。

12.2.2 文明乡风的基本内涵

文明乡风，顾名思义，是指乡村中展现出的优良、文明与高尚的风尚，它是衡量乡村社区文明程度的重要标尺，体现了乡村居民间、居民与自然及居民与社会之间和谐稳定的理想状态。与城市文明及传统“农耕文明”相比，文明乡风独具特色且不可或缺，其独特性主要体现在以下两方面：一是逻辑自洽性。文明乡风是人文、历史与现实逻辑的统一体，构成了乡村精神文明建设的关键要素。从人文层面看，它以乡村居民个体的全面发展为目标，也是实现这一目标的重要手段，旨在全面提升乡村居民的综合素养、道德品质，推动乡村社会的文明化、现代化与知识化进程。从历史维度考察，它是一个自然演进的过程，历经民国时期的初步探索、新中国成立后的逐步发展及改革开放后的全面推进三个阶段。而在现实层面，文明乡风则是新时代风貌的生动体现，反映了当前时代对优良品质、道德素养的需求，对时代进步具有显著的推动作用。二是可量化评估性。文明乡风能够通过构建一套科学的指标评价体系进行量化测评，这些指标包括但不限于社会秩序、精神风貌、治安状况、环境保护、人际关系、经济状况等。通过评估，可以明确区分文明建设的优劣等级，为进一步提升乡村文明水平提供有力依据。

12.2.3 乡风文明建设的内容

乡风文明建设是一个复合性的进程，它要求将动态与静态要素有机融合，以实现全面发展。动态要素主要包括三个关键环节：前提条件的奠定、治理过程的实施以及结果的应用推广。首先，鉴于各地发展水平参差不齐，既有贫困地区，也有富裕地区，乡风文明建设需针对不文明行为或不和谐发展的具体问题，制定并落实相应的政策措施，以应对地区差异带来的挑战。其次，推进乡风文明建设的过程中，各地区的异质性使得这一任务既艰巨又漫长。它要求在尊重地方特色的基础上，灵活应对各种复杂情况，持续推动文明风尚的普及与深化。最后，当乡风文明建设取得积极成果时，这些成果应广泛应用于各地区，以提升社会事业水平、居民生活质量、精神文化生活及教育程度，从而构建一个和谐美好的乡村精神家园。静态要素则侧重于乡风文明中固有的核心内容，涵盖政策建议、体制改革、思想精神等方面，其中尤为关键的是农村科学文化建设和思想道德水平的提升。这些静态要素为乡风文明建设提供了坚实的理论基础和导向，是推动乡村社会全面进步不可或缺的重要组成部分。

12.3 新时代乡村振兴战略的“灵魂工程”

“文化的力量，或者我们称之为构成综合竞争力的文化软实力，总是‘润物细无声’地融入经济力量、政治力量、社会力量之中，成为经济发展的‘助推器’、政治文明的‘导航灯’、社会和谐的‘黏合剂’。”乡村振兴既要塑形，也要铸魂。文化是乡村的灵魂，因此振兴乡村的要义在于振兴乡村文化。乡风文明建设在新时代乡村振兴战略中具有“灵魂工程”的意义。

12.3.1 乡风文明建设是推进实施乡村振兴战略的根本保证

乡村振兴，乡风文明是保障。培育文明的乡风，需要不断地完善农村的精神文明建设，不断提高广大农民和农村的文明程度，丰富农村和农民的文化生活，改善农村和农民的精神风貌。文明的乡风也必将是乡村振兴工作全面展开和推进的最佳助力。文明的乡风不仅能拓宽广大农民的视野和知识，提高他们的道德水平，还能增强他们的科学文化素质，振奋广大农民的精神状态和乡村的整体风貌。此外，文明的乡风还有助于广大农民养成良好的生活习惯和行为习惯，可以更好地激发和推动农村精神文明建设，为乡村振兴的深入实施提供坚实的精神支撑。

12.3.2 乡风文明建设是维持农村社会稳定的内在要求

农村社会稳定是乡村治理的重要内容，是实现国家治理体系和治理能力现代化的重要方面。然而，现在乡村地区仍然存在很多问题，如盗窃、绑架、封建迷信活动及暴力冲突等恶性事件频发，严重阻碍了乡村社会的和谐与进步。加强乡风文明建设，旨在引导乡村居民深刻认识到社会存在的问题以及自己的不足并加以改正，同时丰富乡村居民的文化生活和精神生活，提升农民的受教育水平和综合素养，形成良好的社会风气。因而，必须加快推进乡村文明建设来保障农村社会稳定和可持续发展。

12.3.3 乡风文明建设是改变农村发展不平衡不充分的重要途径

乡村振兴战略在习近平新时代中国特色社会主义思想体系中占据举足轻重的地位，它紧密关联着中国社会经济的发展脉络与民生矛盾的深刻变化。党的十九大庄严宣告，中国特色社会主义迈入新时代，我国社会主要矛盾已转化为人民日益增长的美好生活需要和不平衡不充分的发展之间的矛盾。在此背景下，农村发展不平衡问题尤为凸显，部分乡村居民已步入富裕行列，而有的仍挣扎在温饱线上。这种不均衡状态，部分源于历史沉积，偏远地区因资源贫瘠、交通闭塞而发展滞后。

为破解这一难题，加速贫困地区发展，优化社会结构，助力脱贫攻坚战取得全面胜利，实现乡村居民的美好生活愿景，乡风文明建设显得尤为重要。通过构建乡村文化体系，不仅能够营造积极向上的社会风气，革新农村陈规陋习，弘扬乡村居民的思想精华，重塑乡村社会的精神面貌，还能满足人民日益增长的精神文化需求，推动乡村文化产业蓬勃发展，创造更多就业机会，提升居民收入水平，增进民众幸福感。

此外，乡风文明建设还能有效提升乡村居民的受教育程度、综合素养与道德品质，从而在一定程度上缓解乡村内部发展不平衡的矛盾。因此，乡风文明建设是破解农村发展不平衡不充分问题的重要途径，对于推动乡村振兴战略深入实施，实现农村社会的全面进步具有深远意义。

12.3.4 乡村文化建设是提高乡村社会文明程度的必然路径

乡风文明是乡村振兴战略中不可或缺的基石，只有乡风文明才能更好地凝聚民心、达成共识，充分激发广大农民群众的积极性和创造力，促进农村经济的快速发展。只有乡风文明，农村的物质文明建设与精神文明建设才能美美与共，广大农民群众的幸福生活才能更有内涵、更有质量。

乡风文明关系到乡村振兴的成色和质量，关系到广大农民群众的获得感、幸福感和安全感。只有把乡村振兴与乡风文明建设有机结合起来，立足乡村发展实际、遵循乡村发展规律、彰显乡村特色、保留乡村风貌，守护好绿水青山，留住乡愁记忆，才会不断深化乡村振兴的内涵，增强乡村振兴动力，乡村振兴战略的目标才能如期实现。

12.4 当前我国乡风文明建设存在的问题及原因分析

12.4.1 当前我国乡风文明建设存在的问题

实施乡村振兴战略的根本保障是乡风文明建设。乡风文明建设是一项复杂的系统工程，是一项长期任务，不可一蹴而就。多年积累的老问题、层出叠见的新问题都是我们在建设过程中需要去面对、去解决的。并且针对不同时期和地域，关注的重点和实施的内容也不一样。本节基于文献资料和调查分析，结合河北省乡风文明建设的显著亮点，对此进行了探讨。对河北省乡风文明建设中存在的显著问题可以从以下四个方面进行分析。

1. 优良“家风”逐渐失色

“家风”作为“乡风”的核心构成，其培育与延续深植于家庭道德的弘扬之中，家庭道德的提升是塑造良好“家庭风气”的关键。自古以来，中华民族便以“礼仪之邦”和“道德之乡”著称，通过对地方孝道实践的考察，可窥见特定时期及地域的“家庭风气”风貌。尤其是孝道，作为家庭道德的核心，“二十四孝”的故事跨越时空，流传至今，成为中华文明建设史上不可磨灭的印记。

纵览中华文明发展历程，无论哪个时代，都在不同程度上倡导并实践着优良的“家风”与孝道。然而，随着农村生活模式加速城市化，孝道似乎成了一种稀缺资源，“常回家看看”更需法律条文来强制保障，这既是社会进步的体现，也透露出无奈之情。当前，许多子女将孝道简化为提供物质条件，以工作繁忙为由忽视了对父母的陪伴与关怀，即便归家，也沉迷于电子设备，鲜少主动交流，导致情感疏离。近年来，逃避赡养责任乃至虐待老人的事件频现报端，“养儿防老”的传统观念面临严峻挑战，尽管这只是个别案例，但其苗头不容忽视。

此外，婚姻道德的沦丧，如婚外情、家庭暴力、临时夫妻等现象，导致农村离婚率攀升，婆媳、妯娌、姑嫂及邻里间的矛盾也普遍存在，这些问题严重偏离了乡风文明建设的目标，反映出河北省乃至更广泛地区优良“家风”的褪色与家庭道德的加速下滑。因此，我们必须正视这些现象，采取有效措施，重振家庭道德，以家风促乡风，共同推进乡风文明建设的深入发展。

2. 淳朴“民风”被遮蔽

土地包产到户政策，减少了农民间的日常交流，导致农民集体主义意识降低、个人主义倾向抬头，淳朴的“民风”被掩盖了。市场经济的发展带来了各种契机，农民从原来单一的职业农民身份向非农职业身份转变，形成多种职业身份，大量传统农业劳动者开始向非农领域转移，从事非农生产经营活动获得的非农收入成为收入的主要来源。在市场经济环境下多数农民保持本心，恪守传统美德，但也有不少农民无法抗拒诱惑而丧失本心，把利益对市场经济的推动作用，错误地看成自私的结果，把个人的正当利益和自私混为一谈，极端重视个人的利益，将个人利益作为人生的道德准则，对国事漠不关心，对乡村发展漠不关心，甚至全然不顾作为一个公民的根本义务。邻里之间会因一丁点儿的个人利益而产生矛盾，哪怕仅仅因为一个土豆、一元钱就能打起来，甚至引发刑事案件。一些原本朴实善良的农民，现在渐渐地被私欲蒙蔽，丧失良知，做违法乱纪之事，如沦落到制假售假、涉毒犯罪等，不仅该地区环境受到了污染，甚至向周围的农村群体蔓延，给周围农民的道德观造成极大的破坏。更有甚者，还受到外界腐朽糟粕思想的影响，把享乐视为人生的大事，根本不讲社会奉献。淳朴善良的“民风”失落，衍生出一系列道德沦丧的公共文明问题。在部分农村，公共财产经常被私人侵占，公共物品常常遭到恶意破坏，如将公共垃圾桶私自占用、将公共街道改为私人领地、儿童破坏公共设施、私自占有共享单车、侵占公共用地进行耕种和养殖、盗剪路灯电缆等。这些看似微不足道的小事，实则深刻反映了社会道德滑坡对乡风文明建设的严峻挑战，亟须给予更深层次的关注和反思。

3. 婚丧礼俗等大操大办的浪费现象仍然大量存在

在农村，婚丧嫁娶作为传统礼仪习俗而备受重视，尤其是近年来，随着农村经济的发展和农民生活水平的提高，农民在婚丧方面的消费不断增加，由于风气使然，红白喜事花费攀比现象严重。目前农村存在的畸形奢侈消费主要表现在两个方面：一是婚嫁大操大办，消费盲目攀比。现在农村青年结婚不顾家庭实力，追求高消费，盲目攀比，摆阔气、讲排场的现象日益严重。一次结婚费用，一般要花数万元以上，有的竟花费 20 万元，甚至不惜借钱结婚，花费主要是送彩礼、购物品和摆酒席。这造成了一部分农村青年婚后经济困难，削弱了其对农业扩大再生产的投资，而且“高价媳妇”常常使家庭不和，夫妻反目，不利于营造稳定的社会环境。二是奢办丧事盛行。为尽孝心“死要面子”。很多子女在老人去世后，为了彰显自己的排场，美其名曰让老人走得体面，刻意铺张浪费去“厚葬”，仿佛这样才是孝顺。根据调查，汶水村普遍存在“厚葬薄养”现象，前不久一位年过八旬的老人去世，他的儿女为他置办了一场盛大的葬礼，请来戏班子唱了三天，还摆放了很多老人生前没吃过的食物作为供品，以表自己的孝心，甚至还请风水大师选了块宝地作为墓地，前前后后花费高达20多万元。而根据访谈，老人生前病重卧床时，没有一个子女过来照顾，甚至没有任何关心。由此可见，“厚葬薄养”在农村地区愈演愈烈。奢办丧事不仅耗费了大量钱财，而且毒害了年青一代的身心健康。这些农村畸形消费存在诸多危害，不仅使手头并不宽裕的农民增加了不必要的经济负担，而且使不少陈规陋习泛起，给社会风气、精神文明带来负面影响。

4. 部分农民的违法犯罪活动对乡风造成恶劣影响

农民之间的贫富差距不断加大，使得有的农民出现明显的心理反差。经济收入的反差使一些人眼红耳热，为了寻求心理平衡和满足生活需要，又不想通过自己的辛勤汗水来获得劳动果实，这些人开始以犯罪的手段获取不义之财。有的村，犯罪案件时有发生，如盗窃、损坏通信设备及电气设备、恶意砍伐森林、毁坏公路等。有的农民不守信用，借钱不还、借物不还，骗保、倒卖等违法行为也时有发生，除此之外还有虚假宣传和其他不诚信行为。不诚信行为在许多情况下并不能得到有效遏制，由此造成了不少诚信人士利益受损，给全社会风气带来不利影响，甚至陷入了恶性循环。换言之，在农村社会中潜藏着极大的道德危机，道德准则正遭受前所未有的侵蚀。

12.4.2 乡风文明建设出现诸多问题的原因

1. 忽视传统美德的传承

在五千年的历史长河中，中华民族形成了高尚的道德准则、完整的礼仪规范和优秀的传统美德，被世人称为“文明古国”“礼仪之邦”。注重继承传统美德，不但可以对个人行为起到良好的规范约束作用，也保持了家庭和睦和社会安定。

从孝悌忠信礼义廉耻的角度来理解中华民族优良的传统美德，大致可以分为两个方面：一方面，“百善孝为先”是家庭和谐的准则，“仁爱孝悌”是人际关系的准则。在快速发展的现代生活中，人心越发浮躁。农民越来越注重物质财富，忽略精神生活，忽视中华民族传统美德的传承。对物质财富的过多追求，导致不赡养老人、手足为钱反目等不利于家庭和谐的现象频出，越来越多的人认为物质享受才是享受，精神享受过于缥缈。另一方面，中华民族传统义利观的基本内容是“公义胜于私欲”。也就是说，在社会集体面前，要分清楚个人利益与集体利益，处理好二者之间的关系。当“老吾老，以及人之老；幼吾幼，以及人之幼”等传统社会公德被忽视时，“夜不闭户，路不拾遗”的淳朴“民风”自然也被遮蔽。现在乡村居民出现的不文明、不道德的思想观念和行为正是传统美德被忽视或遗忘，乡村社会的思想舆论氛围被侵蚀所造成的。

2. 基层党组织的政府职能缺失

第一，部分农村基层干部文化水平和素质较低。这些人在处理工作和问题时常常采取过于粗暴的方式，且夹杂个人私利，导致处置结果不公正，容易与农民产生矛盾，激起农民的抵抗情绪，从而失去信服力，难以有效组织农民、引导农民树立正确的价值观，也无法顺利开展同农民相关的建设工作。

第二，部分农村基层党组织工作力度不够，使得农村的精神文明建设存在短板。部分农村基层党组织松懈懒散，缺乏责任感，不积极履行职责，不关注农民在生产生活方面的需求，因此无法为农民提供有效的社会服务。部分农村基层工作人员对农村社会风气了解不深入，认为农村社会风气无足轻重，从而将所有精力都放在经济发展上。他们还认为，只要经济发展了，农民财富增加了，农村社会风气自然而然就会好起来，并且觉得建设农村社会风气虚无缥缈、见效慢、难度大、农民配合度低，不如抓经济效果更显著。除此之外，为了追求政绩，一些基层干部将农村社会精神文明建设量化成人民能够看得到的具体数字，如修路数量、捐款金额等，明显对精神文明建设的投入不足，导致物质文明和精神文明发展严重失衡。此外，还有一些基层干部为了应付上级检查，刻意营造虚假的和谐氛围，展示农民之间美好和谐相处的画面，然而事实并非如此。这种欺骗行为不仅令农民反感，更因权势所迫而不敢违抗，逐渐令其失去了在农民心中的信任和支持。

3. 乡风文明建设专业人才匮乏

推动乡风文明建设的关键在于专业人才的引入与培养，而当前专业人才匮乏已成为其发展的首要瓶颈。以河北省为例，尽管作为高考大省，人才辈出，但多数毕业生倾向于选择计算机、电子信息、自动化等热门领域，鲜少涉足文化教育领域，导致农村乡风文明建设专业人才严重短缺。因此，亟须加大文化教育事业的宣传力度，激励更多人才投身其中，并建立完善的人才培养体系，确保他们在上岗前具备全面而深入的知识结构，特别是针对贫困地区和难点区域，应加大专业人才的支持力度。

从文化发展的视角来看，乡村文化事业多呈公益性质，国家投入有限，缺乏直接经济回报，这在当前以利益为导向的社会环境中，难以吸引足够的关注与参与。同时，传统艺术传承体系不健全，年青一代因生活压力而难以继承优秀传统文化，随着老一辈艺术家的逐渐消逝，乡村文化面临消失的风险，优秀艺术逐渐被人遗忘。此外，农村教育资源的匮乏和教育水平的滞后，不仅限制了农村自身人才的培养，也阻碍了外来高素质人才的流入。农村学子往往不愿返乡服务，而外来人才则因生活条件艰苦、待遇偏低及晋升空间有限而不愿久留。加之大量农村劳动力外流，留下的是生产能力较弱的群体，进一步削弱了农村建设的动力。基层干部虽有诸多规划，却难以有效实施。

4. 基础教育滞后

农村基础教育在推动乡风文明建设中扮演着举足轻重的角色。一方面，教育是提升人口整体素质的决定性因素；另一方面，它为其他文化事业的发展奠定了坚实的基础。然而，农村基础教育发展滞后，农民的文化水平普遍较低，大多数农民的文化程度仅停留在初中及以下，甚至更低，这直接导致了农民在思想素质和科学文化素质上的双重欠缺。

在思想素质方面，农民的法律意识相对淡薄，集体主义观念缺失，往往只关注个人利益而忽视自身应尽的义务。部分农民缺乏更高的生活追求，满足于基本的温饱，因此不愿付出更多劳动，更不愿参与农村文化建设，呈现出一种置身事外的态度，这种心态加剧了农村不文明现象的产生。

在科学文化素质方面，由于农民的文化水平有限，整体科学素养偏低，他们难以掌握科学的务农方法，也无法通过科学手段实现致富。面对全新的农业知识和技术，他们往往难以接受和适应，仍然停留在传统的耕牛犁地阶段，无法有效运用现代高新技术和新型农产品。随着都市化的快速发展，那些有文化、懂经商的知识型农民纷纷选择外出谋生，并在城市购房定居，而缺乏知识的农民则与之差距日益扩大。

12.5 路径与政策建议

12.5.1 开展移风易俗行动，丰富乡村文化生活

开展移风易俗行动是养成文明乡风的重要方式，其主要目的在于有效遏制农村的陈规陋习，并积极组织群众性精神文明创建活动，坚决抵制封建迷信活动的蔓延。

1. 开展群众性精神文明创建活动

文明村镇的创建是农村地区精神文明建设活动中的重要方面，有利于移风易俗，宣传和弘扬社会主义精神文明。文明村镇的建设要走制度化、常态化、规范化的道路。此外，也要进行乡风的培育工作，在农村地区开展家风教育等活动。

文明村镇的创建活动要在农村地区广泛开展起来。一是坚持基层政府和基层自治组织的统一领导，相关部门协调统筹文明村镇的建设，建立负责人制度，统一领导负责文明村镇的创建。在文明村镇的创建过程中也要重视宣传工作的重要性，大力宣传文明村镇建设的重要性，改变农民的观念，提高农民对社会主义精神文明的认识，培养农民群体文明健康的生活方式，使农民主动地参与进来。二是基层政府和基层自治组织要加强社会主义核心价值观的宣传工作，做到真正让社会主义核心价值观进入农民家中、农民心中。宣传社会主义核心价值观可以采用多种方式，如挖掘并弘扬当地优秀的传统文化，开展优秀传统文化继承人的评选活动，通过这些活动达到宣传和弘扬社会主义核心价值观的目的。三是基层政府和基层自治组织要开展农村地区不良风气的治理工作，加强对农村地区的社会治理。各基层部门要建立健全社会治理中的治安体系，加大对地方黑恶势力等的打击力度，大力整治农村地区的歪风邪气，加强对农村社会公共环境的整治，从而改善农村地区风貌，促进社

会主义精神文明建设，实现建成文明村镇的目标。

创建文明村镇的具体措施主要有以下三点：第一，文明村镇创建等工作应该由各级政府和农村基层党组织统一领导，负责人的确定和文明村镇创建工作的领导责任归属则是各村、镇相关部门的工作范畴。大力宣传发动工作有利于提高村民对文明村镇创建活动重要性的认识，让农民过上更加文明、科学、健康的农村生活，使农民在文明村镇创建活动中更加积极、自觉。第二，社会主义核心价值观走进千家万户是各级政府和农村基层党组织应着力扎实推进的重点工作。比如，可以充分利用乡贤对农村精神风貌的领导带动作用，评选传统文化传承人和爱心人士等。深入挖掘农村乡贤文化资源，不仅可以影响和孕育乡风，还可以凝聚人们向上向善的道德力量，传播健康文明的主流价值观，从而有利于加快建设文明村镇。第三，加大对村镇不良社会风气和农村生态环境的整治力度是各级政府和农村基层党组织的另一个重要着力点。必须建立治安防范网络，大力打击地方黑恶势力，整治不良风气。不断优化村镇居住环境和生态环境，推进乡村生态振兴，全面提升村民的幸福感、获得感。以上举措有利于通过营造整洁的乡镇环境和健康淳朴的乡风文明达到促进文明村镇建设的最终目的。

各级政府和农村基层党组织另一项不可忽视的重要工作是文明家庭创建活动的开展。既可以开设“创建文明家庭”等专题栏目，也可以大力宣传“文明家庭”和“最美家庭”等模范，在明确文明家庭标准的基础上强化文明家庭创建活动的媒体宣传。这些优秀的家庭案例有利于在社会群体中宣传传承和建设良好家风家训的重要性。为了达到此目的，各级政府和农村基层党组织应精心策划，在深入乡村和走访群众的基础上对在家庭创建活动中探索出来的好方法进行宣传和报道。同时，可以利用微信、微博、论坛、网络直播等互动平台，扩大宣传面，营造浓厚舆论氛围，从而有利于活动的落实和实施。制作公益广告也是宣传文明家庭创建活动的良好方式。宣传地点可以是公园、社区、广场和大型庭院等，具体宣传途径可以是制作宣传版面和张贴宣传画等。这种措施也可以达到大力宣传文明家庭创建活动和促进传承良好家风家训的目的。

2. 遏制农村的陈规陋习

农村婚丧礼俗等大操大办和“厚葬薄养”的现象时有发生，这些都是陈规陋习，移风易俗行动首先要根除这些行为。

第一，通过农村基层党组织的宣传思想工作和广播宣传新理念等途径，让农民意识到婚丧礼俗等大操大办行为的不良影响。部分村干部表面是操办宴席，实则进行敛财，此类不良行为和讲排场、比阔气等不正之风可以通过鼓励党内监督和群众监督来纠正，同时能促进讲究节俭节制等良好办事风气的形成。想要在农村形成健康的生活理念和朴素的人际关系，就必须重点遏制农村“人情风”的进一步蔓延，为此，宣传正面典型的专题教育必不可少。如果每一位农民都能不再看重所谓的代表物欲的“面子”而是看重人与人之间的真情实感、都能践行勤俭节约和量入为出的理性消费观、都能自觉摒弃对各种攀比行为的羡慕心理和追捧行为，农村的乡风将会得到极大改善。

第二，与“厚葬薄养”相反的“厚养薄葬”是值得大力提倡的做法。在村中心建设基础设施完善的“农村幸福大院”可以为老人提供生活居住和休闲娱乐等场所，从而有利于“厚养”。由村民推举成员组成的农村红白理事会可以充分发挥品德优良的农民的带头作用，使广大农民在自我教育、自我提高、自我管理和自我服务中提高“厚养”意识。农村红白理事会对于村民的意见和建议要进行广泛的听取和考虑，制定红白事的标准和流程，直接遏制“厚葬薄养”现象。同时，农村红白理事会应倡导新事新办和新事简办，激发村民自觉遵守村规和互相学习的积极性，减少人情攀比。

3. 抵制封建迷信活动

以无神论宣传教育为代表的农村科普教育必须进一步加强。农民的精神世界丰富了，那些封建迷信思想自然就没有了市场。只要农民都不再信奉那些所谓的封建迷信，社会风气和乡风文明就会变得越来越好。

第一，各级党委、政府要大力宣传无神论，自觉抵制封建迷信和占卜求神等活动，只有让无神论走进农民心中，让科学文明的观念在农民心中扎根，农村的社会环境才会变得文明科学起来，封建迷信也就无处遁形。在宣传无神论教育的同时应强调“以崇尚科学为荣，以愚昧无知为耻”，社会主义荣辱观教育也有利于培养农民的科学精神。

第二，各级党组织和政府应加大对农村科普工作的投入力度，提高农民科学文化素质。在农村电台和电视台的宣传作用和教育效果非常明显。不少电视台的科教频道和科教栏目是广大农民获取科学知识的重要方式。比如《农业广播学校》和《教育时空》等由中央人民广播电台主办的电台栏目可以使农民学习到很多实用的农业生产知识。中央广播电视总台的《科教博览》和《科教之窗》等节目可以让广大农民了解到当今科技的最新发展成果。除科普栏目外的新闻、电影和书籍报刊等媒介也应加大对科普的宣传力度，吸引农民学习科学技术。

第三，进一步丰富农民精神生活。首先，党和政府实施文化惠民工程的重要内容之一便是通过文化下乡活动来丰富农民精神文化生活，将农民喜闻乐见、贴近农民生活的节目送到农民面前。其次，现在许多农民学会了上网，也喜欢上了网络带给他们的便利与娱乐，但只有健康向上的网络内容才能有效地丰富农民群众的农闲生活。只有网络管理加强了，网络建设改进了，网络运行规范和有序了，互联网才能成为真正适合农民进行精神文化活动的新领地。最后，应着力打造文化活动阵地，拓展文化发展平台。建设农村文化广场、文化大院、文化书屋，增加电子阅览室、展览厅、综合文化站等，有效推进农村精神文明建设。

12.5.2 明确参与主体角色定位，凝聚乡风文明建设力量

1. 充分发挥乡镇文化站的前沿阵地作用

在我国众多的文化事业机构中，乡镇文化站是最基层的。它就像一座桥梁，一头是国家文化事业机构，另一头是广大农民，两者紧密连接在一起。笔者在考察中发现，河北省这些“桥梁”数量上不算少，文化设施建设得也不错，但不少文化站却没有很好地使用起来。想要改善农村的文化面貌，不同地区要采取不同的措施，不同的时间段也要采取不同的措施。只有农民的观念革新了，科学知识普及了，我们才能更加充分地发挥乡镇文化站在乡村文明建设中的作用。

建设好乡村文化，对于实现乡村振兴具有非凡的意义。乡镇文化站是基层文化建设主要力量的前沿阵地，乡镇文化站的工作交流会和专业培训会有助于农民对乡村文化建设认识的深化和意识的提高，有助于基层管理人员对党的乡村战略部署决策进行更加深入的学习，对“放管服”改革的推进也具有较好的效果。通过赋予市场和社会更多自主权，进一步激发企业和社会群体的主观能动性。相较于过去政府主导一切的做法，喜欢大包大揽，不能有效激发农民群众和企业开展文化建设的自主性。当前政府更倾向通过购买服务的方式，鼓励农民和企业自主参与文化建设。管理机制创新了，管理方法受到群众认可了，乡村文明建设的方向也就正确了，乡风文明建设的前进速度也会大大加快。政府应进一步强化服务意识，基层管理人员应时刻将丰富农民文化娱乐方式和提高农民精神生活水平作为工作重心，积极调研、勇于探索，创造出广受农民欢迎和喜爱的文化活动和文化产品，从而极大丰富广大农民群众的精神世界。

2. 优化乡村文化市场，丰富农民精神生活

乡村文化市场对于推动农村文化建设具有举足轻重的作用。随着农

民收入的增加，他们对文化产品的需求也日益旺盛，这凸显了农村文化市场的重要性。该市场不仅能够促进农村文化产品的多样化，还能营造更加浓厚的文化氛围。为了优化乡村文化市场，应从两方面着手：一是强化市场经营者的责任感，二是引导农民形成合理的消费观念。

首先，各级文化市场管理部门应加大监管力度，并通过广泛的宣传教育来增强文化经营者的法治意识。可以组织文化经营者定期参加学习交流会和案例讲座，将法治宣传融入其中，促使他们树立依法经营的理念。同时，文化经营者还要认识到，其销售的文化产品具有教育功能，肩负着传递正能量和净化市场的责任。

其次，农民的文化消费观念也是制约文化市场发展的关键因素。目前，农民的消费主要集中在衣食住行等基本需求上，文化消费在消费结构中处于次要地位。因此，农村文化市场的繁荣与否，很大程度上取决于农民文化消费结构的调整。以农村图书市场为例，在提升农民阅读意识的同时，应努力寻找适合农村市场的书籍，确保农民能从阅读中真正获得知识和实用技能，从而激发他们的阅读热情，推动农村图书市场的健康发展。

3. 鼓励发展农村社会组织

在乡风文明建设中，市场与政府同样扮演着不可或缺的角色。随着行政改革的深入，农村地区政府机构从社会事务的管理者转变为社会服务的提供者，对微观事务的干预逐渐减弱。因此，合理运用政府力量，充分发挥农村社会组织的作用，激发农民参与文化生活的热情，成为建设持久文明乡风的关键。

农村社会组织的发展离不开规范与管理。相较于城市社会组织，农村社会组织存在弱化、分散、陈旧、不平衡等问题。尽管宗族不属于严格意义上的社会组织，但其在农村地区发挥的作用与社会组织相似。宗族能够召集成员、处理内部事务，并在一定程度上传播社会价值观。在河北省农村地区，宗族具有重要地位。

为合理引导农村社会组织和宗族的发展，必须实施规范管理。对于已登记的社会组织，应建立数据库，实时掌握其动态。可尝试让这些社会组织代替政府宣传正确的社会价值观，从而激发其参与文明乡风建设的热情。同时，应提升农村地区群众的社会治理参与意识，对于已成立专业社会组织的地区，应提供必要的物资支持、管理人才和制度解答。例如，根据农业生产需求成立生产互助组，根据文化生活需求组织民间文艺表演团体。通过激发农民的积极性和创造性，充分发挥其在乡风文明建设中的主体作用。

12.5.3 发展壮大乡风文明建设人才队伍

1. 挖掘农村当地管理人才

当前，农村乡风文明建设的快速发展面临的主要瓶颈在于管理人才的匮乏和管理效能的低下。这一问题的根源不仅在于农村整体教育水平相对落后，还在于农村地区难以长期吸引并留住高素质管理人才。外来高素质管理人才对当地实际情况了解不足，难以有效解决当地发展难题，导致“大学生村官”等外来力量常面临“水土不服”的困境。因此，培养和挖掘本地管理人才成为破解这一难题、充实乡风文明建设管理队伍的有效途径。

要深入挖掘本地管理人才，应从优化管理人才结构入手，通过结构调整提升整体管理能力。首要措施是在尊重村民自治原则的基础上，规范农村管理干部的选举流程。选举时，应优先考虑具有行动力、能够快速吸收新知识的年轻干部，以及拥有较高学历和先进观念的返乡城市农民，确保管理团队的多元化和活力。

同时，农村中不乏才华横溢、视野开阔的乡贤，他们的加入能显著增强管理队伍的力量。这些乡贤深谙农村现状，深受村民尊敬，能够有效发挥桥梁作用，连接政府与村民，推动农村发展。实践中，如湖南省衡阳县等地已探索出选拔退休干部、企事业单位经验丰富的管理者参与农村管理的成功经验，这些做法值得广泛借鉴。此外，推选乡贤中威望高、能力强的人士担任管理职务，能够大幅提升管理队伍在村民中的公信力和影响力，为乡风文明建设提供坚实的人才支撑。

2. 培养农村传统文化传承人

农村传统文化作为我国传统美德与民风的载体，不仅是中华传统文化的重要组成部分，还承载着独特的历史价值与文化特色。传承与弘扬农村传统文化，不仅有助于文化保护与发展，更能促进优良农村乡风与民风的延续。然而，当前许多农村传统文化正面临发展萎缩、人为破坏乃至逐渐消失的困境，其根本原因在于传承人的缺失。为解决这一问题，培养农村传统文化的继承者显得尤为关键。这不仅能够保护农村传统文化，还能充分发挥其在乡风文明建设中的积极作用。

在培养传统文化继承人方面，应采取综合措施：首先，对现有乡村艺人进行全面普查与调研，利用互联网技术建立详细的数据库，以全面掌握农村艺人的现状。同时，政府应利用财政资金为传统艺人提供津贴补助，特别是对生活困难的民间艺人给予重点保护，通过改善其生活与创作条件，有效保护农村传统艺人。其次，积极培养新的乡村艺人至关重要。应大力宣传保护传统文化的重要性、紧迫性与趣味性，通过传统文化展览、乡间手艺竞赛等多种形式，激发青年人对传统文化的兴趣与热情。此外，提供传授文化知识与传统技艺的平台与条件同样不可忽视。可以建立集中性的培训班、乡村技能学校等多种传统文化传承平台，为传统文化培养更多优秀的传承人。

3. 开展成年农民再教育

不同年龄段的群体在农村发展中扮演着各自独特的角色，儿童是农村未来的希望，而青年则是当前农村建设的主力军。为充分发挥各年龄段的优势，推动农村持续发展，应采取以下综合措施：

第一，政府应加大对成年农民教育的投入，通过增加财政拨款，建设学习场所和农民培训中心，开展农民职业教育。不仅要提升农民的知识水平和生存技能，还要确保教育活动的频率与质量。为此，可设立专门的农民教育基金，用于改善教学设施、更新教学资源，以及组织高质量的培训课程。第二，建立有效的教师激励制度，鼓励优秀教师积极参与农民教育活动。对于利用假期为农民提供培训的教师，可给予物质奖励和职称晋升等优惠政策，以激发其积极性和创造力。同时，加强教师队伍建设，提升教师的专业素养和教学能力，确保农民教育的高质量开展。第三，提升农民参与成人教育活动的积极性和主动性至关重要。通过宣传教育、案例分享等方式，让农民认识到终身学习的重要性，以及学习对提升个人素质、增加物质财富等方面的积极作用。鼓励农民树立自主学习、终身学习的观念，积极参与各类培训和学习活动，不断提升自我。另外，在提升农民整体再教育水平的基础上，应选拔优秀青年农民作为后备力量，领导农村文明建设。以石家庄农村优秀青年研修班为例，2017 年 6 月，石家庄农村优秀青年研修班培养出了第一批具有创新精神和实践能力的青年农民干部，他们回到村镇后承担起了更多更重要的农村建设任务，从培训效果和社会影响来看都比较好。该举措在培育新型农民和夯实农村后备建设力量方面取得了显著成效。因此，这种具有重要参考意义的举措值得在更大范围内推广和实施，为农村发展提供强有力的人才支撑。

12.5.4 净化农村社会风气，弘扬中华优秀传统文化

1. 以社会主义核心价值观为引领

乡风文明建设是一项多维度、广覆盖且复杂的系统工程，尤其在河北省，其发展不均衡的现状及农村社会存在的普遍误区与落后观念，凸

显了坚持社会主义核心价值观引领的重要性。

践行社会主义核心价值观，应坚守以人为本的核心理念，尊重农民的主体地位，关注其利益诉求与价值愿望，致力于促进农民的全面发展。这不仅体现了全体人民的价值追求，也彰显了为人民服务的根本宗旨。一是加强宣传教育，提高农民对社会主义核心价值观的认识与理解。通过墙绘标语、书籍解读、线下研讨会等多种形式，广泛传播社会主义核心价值观的科学内涵，引导农民形成正确的价值导向，提升其文化素养与文明程度。这些活动应贴近农民生活实际，用通俗易懂的语言和生动具体的案例，让农民在潜移默化中接受并认同这些价值观。二是弘扬爱国主义、集体主义精神，与新时代主旋律相契合，与社会正气相统一。通过组织各类文化活动、志愿服务、先进事迹宣讲等，激发农民的爱国情怀与集体荣誉感，引导其反思并纠正错误观念与落后习俗，营造积极向上的农村社会氛围。同时，鼓励农民积极参与社会公益事业，以实际行动践行社会主义核心价值观，共同推动乡风文明建设。

2. 弘扬传统美德，树立先进典范

孟子云："人人亲其亲，长其长，而天下平。"此言寓意深远，意指当每个人都深爱自己的双亲，尊崇自家的长辈时，天下自然归于和谐安宁。天下太平的基石，在于人人践行孝道。孝，作为家庭美德的基石，位居中华传统美德的核心，亦是社会美德的典范。弘扬这一传统美德，能在社会正气的引领下，全面提升农民的道德素养，深化社会主义核心价值观在农村的根植，加速乡风文明的构建，有效破解农村经济发展与道德进步之间的潜在矛盾。

贴近民生、贴近民众、贴近实际，是传承传统美德不可或缺的现实路径。在引导公众参与讨论时，需紧密把握民众的思想脉搏，唯有触动广泛共鸣，方能激发人民群众自我教育的内在动力。针对农村实际，我们应着重于两大方面：个人道德与家庭道德，而核心则在于孝。孝，不仅是构建个人品德与家庭伦理的起点，更是其精髓所在。

在实施策略上，需采取与农村特点相匹配的方法。尽管报纸、网络等媒介在营造道德氛围上发挥着一定作用，但在农村，因参与度与关注度有限，其效果往往不尽如人意。农村道德氛围的营造，需更加贴近实际。诸如春节、清明节、端午节、中秋节、重阳节等传统节日，既是国家的法定假日，也是农村的重要庆典。利用这些节日，通过弘扬传统礼仪，营造节日氛围，能潜移默化地提升农民的道德境界，传承乡村美德。

3. 倡导农村文明生活方式

农村居民生活方式的文明化进程，是衡量农村现代化程度提升与乡风文明建设成效的重要标尺。笔者调研结果显示，河北省农民群众的生活方式已显著趋向文明，但仍需进一步根除陈规陋习。强化崇尚文明、科学的理念，全面革新生产、文化娱乐及消费习惯，方能实现真正的文明与进步。首先，加强农村科普文化的推广力度，特别是针对农业的科学技术普及至关重要。唯有在农业生产理念、设备及技术等方面实现广泛普及，才能从根本上扭转农村落后的生产方式，促进农业现代化，同时在农村培育崇尚科学的风气。其次，培养健康的娱乐方式亦不可或缺。通过建设村民文化广场、农村书屋等文化娱乐基础设施，引导农民积极参与高质量的文化娱乐活动，丰富其精神生活。最后，倡导科学、合理的消费观念同样重要。农民对学习与阅读的热爱，将促使他们在文化素养提升上投入更多，从而改变消费结构。抵制不良消费风气，需借助宣传之力，利用文化宣传栏、乡村电视广播等手段，抵制盲目消费与恶意攀比。例如，2018 年初邯郸市魏县举办的集体婚礼活动，吸引了超过 200 对新婚夫妇参与，作为婚事简办、喜事新办及抵制高价彩礼的典范，广受好评，成为推动当地移风易俗的重要力量。

此外，充分利用榜样力量，对于推动农村良好社会风尚建设具有积极作用。举办“道德模范”“文化能人”等评选活动，挖掘并发挥榜样的引领作用。无论是讲述个人先进事迹的道德模范，还是展示个人文化素养的能工巧匠，都能通过感人的事迹或生动的文艺形式，引发群众共鸣。提高农民参与活动的积极性，关注其真实感受，创新投票方式，如网络举荐、书信举荐等，能有效提升参与度。新闻媒体在宣传报道时，应采用多样化形式，通过影视作品等文艺创作，展现榜样事迹，引导农民在理解文明的基础上，积极践行文明行为。

4. 惩治歪风恶习

为何部分农村地区会滋生不良风气？根源在于乡风文明建设的薄弱。对于这股歪风邪气，我们既不可轻视，更不可忽视其危害。一旦有效治理，乡村文明建设必将取得显著进展。然而，在河北省农村地区，不良风气并未完全消除，部分甚至有所抬头或复发。对此，必须采取高压严打策略，以推动移风易俗，为乡风文明建设营造良好社会氛围。

惩治不良风气需精准施策，引导与惩戒并行。例如，农民中的自私封闭、攀比之风，多属个人层面问题，对农村社会整体影响有限。此时，引导与管理便显得尤为重要。通过提升农民的科学思维与理性行为，这些现象自然能逐渐消散。同时，监控与管理亦不可或缺。管理机构应集中整治不良风气，村级监督负责人需时刻关注村民思想动态。

对于社会危害较大的不良风气，则必须严厉打击。此外，普及法律知识，提升村民法律意识，也是减少不良风气的重要手段。2018 年初，中共中央、国务院发布《关于开展扫黑除恶专项斗争的通知》，要求始终保持高压态势，深化扫黑除恶专项斗争。各级政府应积极响应，严厉打击恃强凌弱、聚众赌博、打架斗殴等行为。对组织者、带头人，除道德谴责外，更要依法严惩，以维护法律权威，形成强大震慑。

在农村地区，应以鲜明态度严惩不良风气，同时注重引导与教育。在运用法律手段打击不良风气的同时，组织专门队伍进行监管，做到防患于未然。只有这样，才能从根本上净化农村风气，推动乡风文明建设不断向前发展。

12.6 结论

繁荣乡村文化、培育文明乡风，对于乡村振兴的推动作用不言而喻。文明乡风不仅是乡村振兴的基石与保障，更是乡村文明进步的标志，体现了农村社会风气的优化与农民精神生活的丰富。它不仅是农民精神风貌的集中展现，也是对中华优秀传统文化的传承与发展，同时彰显了中国特色社会主义文化的魅力。要培育文明乡风，关键在于深化农村精神文明建设，提升农民的文明素养，丰富其文化生活，进而改善整体精神面貌。这一过程中，农民群众在思想观念、传统道德及行为规范上的积极转变至关重要。

本文基于我国农村发展的现状，深入探讨了文明乡风的成因、条件及其培育路径，并提出了相应的政策建议。尽管近年来党中央在政策层面对文明乡风培育工作给予了大力支持，但当前该领域的研究仍显零散，缺乏系统性和综合性。相关文献数量有限，对文明乡风的定义、面临的挑战及解决方案缺乏清晰阐述，这进一步凸显了深入研究的必要性。

本文在借鉴前人研究成果的基础上，围绕以下核心问题进行了系统分析：文明乡风的内涵是什么？不文明乡风产生的根源何在？文明乡风培育过程中存在哪些不足？如何更有效地推进文明乡风建设？

尽管本文在文明乡风研究领域作出了一定贡献，但由于研究条件的限制及笔者水平所限，文中难免存在不足之处。因此，未来笔者将继续致力于这一课题的深入研究，以期为解决文明乡风培育中的实际问题提供更加全面、系统的理论支持与实践指导。

13　治理有效

13.1　引言

自新中国成立以来的70余年间，中国经济体制经历了从计划经济向市场经济的深刻转型。20世纪50年代上半叶至70年代末，计划经济体制的确立打破了传统的乡村社会秩序，集体经济成为农村的主导经济形态。随后，改革开放40余载，家庭联产承包责任制的推行，让分户家庭经营成为农业经营的基本单元，农村集体经济逐渐式微。在此期间，工业化和城镇化战略的优先实施，加速了农村资源向城市的流动，导致农村空心化、老龄化问题日益严峻。同时，村民自治制度在某些地区的执行不力，削弱了农村党组织的引领作用和农村发展的活力。近年来，“三宗”势力（宗教、宗族、宗派）在农村的抬头，一定程度上导致了乡村基层治理的低效与无序，严重制约了我国农业与农村的健康发展。中国特色社会主义已迈入新时代，但农业与农村发展仍面临不平衡不充分的挑战。有效的乡村治理既是乡村振兴的内容，也是其实现的必要条件。通过自治、法治、德治的有机结合（“三治”融合），激发乡村发展的内生动力，是实现乡村有效治理、推动乡村振兴与农业现代化的关键。

21世纪以来，国家对“三农”工作的重视与财政投入的加大，显著改善了乡村面貌，提升了农民生活水平。然而，农村社会潜藏着的生态、文明、文化方面的危机暴露出农村发展内生动力不足和活力不足的缺陷，究其原因则是政府投入主导和有效乡村治理的缺乏（肖唐镖，2014）。振兴乡村是中国新的历史方位决定的重大使命，我国的基本国情决定了乡村不能衰败，我国发展的阶段性特征要求乡村必须振兴，然而乡村振兴也是有条件的，这一条件就是贯彻落实“三治”结合的原则（陈锡文，2018）。“三治”结合不仅是原则，也是重大理论创新。法治是乡村治理的根，是乡村治理的本，路径是德治，核心是自治，这三者结合才能实现有效的乡村治理。因此，应健全“三治”乡村治理体系。乡村治理的目标、保证和支撑分别是自治、法治和德治，三者之间的联系可以说是“一体两翼”（谢乾丰，2018）。当前的研究从诸多角度有助于我们对“三治”结合进行准确理解，但这些文献大多没有就我国广大乡村地区实现“三治”结合的具体途径和确保乡村治理有效的实现途径这两个问题给出具体论述。当前研究虽从多角度深化了对“三治”结合的理解，但鲜少就我国广大乡村地区实现“三治”结合的具体路径及确保乡村治理有效的实现途径进行深入探讨。因此，本文旨在回顾与总结部分农村综合改革试验区的探索经验，以期为解决我国乡村基层有效治理与全面乡村振兴两大问题提供实践参考。

13.2 乡村治理的内涵

“治理”，本意是指处理政府事务，是一个古希腊词汇。但社会的发展使该词的词义不断泛化。因此，乡村治理也是一种机制，其主体是基层政府、村委、村民以及其他组织，其目的是维护乡村秩序和促进乡村发展，其手段则是上述主体合力对村域事务进行管理和调控。“振兴”的反义词是衰退，或者凋零。那么乡村振兴这一发展策略就是要改变乡村衰退和乡村凋零的局面，并且使乡村在全面复苏的基础上重现辉煌。

党的十八大以来，国内的许多学者就如何创新乡村治理体制进行了积极的探索。他们认为，我国乡村环境的剧烈变化和乡村治理对象的深刻转型，导致传统的管理体制和方式与新环境之间产生了明显的不适应，迫切要求健全乡村治理体系。乡村传统文化的影响厚重而深远，家风家训是传统文化，村规民约也同样是传统文化，大力发扬乡村传统文化，乡村治理体系就有了活力，有了张力。尽管学者们依然就怎样定位乡镇政府这一问题争论不休，但不存在争议的是乡镇政府在乡村治理中独一无二的作用。因此，改革乡镇基层治理模式，必须全面创新管理体制并提升治理能力。

农业、农村、农民问题是关系国计民生的根本性问题。党的十九大报告指出，“中国特色社会主义进行入新时代，我国社会主要矛盾已经转化为人民日益增长的美好生活需要和不平衡不充分的发展之间的矛盾”，这一矛盾在广大农村地区表现得尤为明显和突出。乡村振兴战略的实施，是基于中国特色社会主义进入新时代和社会主要矛盾转化作出的重大判断和战略安排。实现产业兴旺、生态宜居、乡风文明、治理有效、生活富裕，是乡村振兴战略的总体要求，也是推进乡村振兴的根本任务。深刻理解乡村振兴战略的内在逻辑体系，是做好统筹安排、突出实践重点、寻找实践突破的客观要求和必然选择。

13.3 乡村治理的必要性

改革开放后，我国现代化进程发展增速，生产力也在不断提升，但现代化进程并没有在广大农村地区深入展开，城市化进程的加速在一定程度上加剧了城乡发展不平衡，农村发展显得尤为不充分。为了解决城乡发展不平衡的问题，中国政府提出了乡村振兴战略，而乡村治理是国家治理的基石，也是乡村振兴的基础。乡村治理是国家治理体系的重要组成部分，大力实施乡村治理是推动乡村振兴、解决“三农”问题、巩固党的执政基础的重要举措。我们应当高度重视乡村治理工作，采取有效措施，如支持惠农政策、建立城乡一体化发展机制、建立合理有效的乡村治理体系等，加强农村基层政权建设，推动农村经济和社会的全面发展和进步。下文从几个方面阐述了建立城乡一体化发展长效机制的必要性。

13.3.1 适应乡村振兴战略的现实需要

乡镇以下的村民自治制度，通常采取将村庄划分为若干生产小组或生产小队的村组模式来实施。这一模式下，村民依法享有不容置疑的民主自治权利，这一权利得到了法律的充分保障。谈及这一权利的背景，其根源在于过去相对较低的生产力发展水平。在这样的历史条件下，为了调动农民的生产积极性，提高农业生产效率，包产到户这一政策得以实施，并成为村民自治制度得以推行的重要前提。村组模式的实施，无疑带来了显著的益处。农民的生活水平相较于以往有了极大的提升，这得益于生产效率的提高和农民自主权的增强。然而，随着时代的发展和社会的进步，传统村组模式逐渐显露出其不适应性。具体来说，这种不适应主要表现在以下五个方面：

一是农村产业领域的发展尚不充分，动力匮乏成为其前进道路上的绊脚石。在推动乡村产业进步的过程中，对于生产的可持续性、特色挖掘以及产业间协调发展的重视不足。即便是相较于其他区域表现更佳的农村地区，也未能实现乡村振兴战略目标中的产业繁荣，更未形成完善的产业链与体系化结构。那些盲目模仿其他地区发展模式的地方，其产业发展水平自然不容乐观。城镇化步伐的加快与人口流动所带来的乡村社会结构变迁，是乡村发展动力缺失的直接诱因，引发了一系列社会问题，如农户副业化、乡村空心化、人口老龄化以及农村青壮年劳动力的严重流失。

二是当前农村生态环境难以满足居民的基本居住需求，垃圾处理机制滞后且不完善，致使环境状况持续恶化。随着农民生活水平的提升，虽然物质条件有所改善，但农村地区的垃圾量也随之激增。相较于经济的快速发展，农村基础设施建设显得相对滞后，尤其是垃圾集中处理设施与能力的缺失，导致了生活垃圾随意丢弃和污水任意排放的现象频发，环境污染问题日益严峻。

三是传统的乡规民约正遭受不良文化的强烈冲击，乡村文明程度有待提升。尽管经济发展与城市化进程不断加速，但乡村文化体系却日渐薄弱，血缘与宗族关系也难以扭转这一趋势，乡村文化共识逐渐削弱。同时，现代乡村文化的构建尚处初级阶段，两者共同作用，使得乡村文化问题日益凸显，亟须构建文明和谐的新乡风。

四是乡村治理成效有待加强，村民对政治参与的渴望日益增强。在传统乡村治理模式下，公众参与存在缺位与失位现象，村民政治生活参与度及信息公开透明度均不高。随着科技的进步，手机与电脑的普及，农民获取信息的渠道更加多元，对国家政策的了解也更加深入，民主意识显著增强，对村委会信息公开与透明度的要求也随之提高。然而，现实中这一需求往往难以得到满足。腐败现象、信息不透明等问题加剧了村民与村委会或乡镇政府之间的矛盾。加之乡村法治建设滞后、村民及村委会成员文化水平与法律意识薄弱，导致贪污腐败和黑恶势力等违法犯罪事件频发，严重影响了乡村的稳定与政府机关的公信力。

五是我国农村地区富裕程度相对较低，城乡生活水平差距显著。全面建成小康社会，更重要、更难做到的是“全面”，这里的“全面”不仅指发展水平，更强调发展的平衡性、协调性和可持续性。补齐发展不平衡、不协调、不可持续的短板，是我们当前努力的方向和难点所在。当前大部分农民的收入主要依靠务农和外出打工，来源具有单一性和不可持续性等特点，无法保证农民收入的稳定性。应以产业兴旺带动乡村全面振兴，依据不同地域的特点制订出适宜的产业振兴计划，全面促进乡村经济发展，提高农民收入水平。

13.3.2 适用主要矛盾转化的现实需要

农村的现实情况需要现代化的乡村治理模式，而大部分乡村地区实际上依然采用传统的碎片化、家族化、压制化的乡村治理模式，这种模式已经无法满足乡村振兴的需求。

（1）乡村治理中社会矛盾化解渠道单一。农村出现矛盾加剧的可能性比较大，且通常需要多方的参与才能将矛盾化解。我国农村已有的矛盾调解机制主要有两条途径：一是可求助基层组织，但基层政权任务繁重，难以时刻关注矛盾的发展趋势，再加上一些管理人员可能是矛盾的当事人，会导致矛盾冲突加剧。二是通过信访或上访的方式向上级政府反映问题以寻求解决办法，但这个过程时间上可能会更长一些，且分不清自身对错的执意上访者可能会使矛盾加深。所以，乡村治理体系建设中的一个重要问题是如何建立起一个能够发挥多主体协同的多维冲突协调系统，使基层政府、社会力量和村民都能参与进来。

（2）村民在乡村治理中的参与度偏低及自治能力不足的现象普遍存在。传统的乡村治理模式倾向于自上而下的纵向管理，即上级政府直接管理村委会，再由村委会直接治理村民，这在一定程度上削弱了村民参与治理的横向互动机制。加之，那些具备横向管理自主意识的村民往往选择前往城市，而留下的村民则更多处于被动参与的状态，这进一步阻碍了村民自治制度的有效实施。自新中国成立以来，中国共产党在乡村治理方面不断探索创新，如成立村民自治委员会、设立农村社区警务服务站等举措，均对乡村治理的稳步前行起到了积极的推动作用。

中国共产党始终代表着最广大人民的根本利益。当前，农村治理领域存在的诸多问题，正阻碍着广大村民对美好生活的向往与追求。为破解这些难题，必须采取切实有效的措施，为农民创造良好的生活环境，从而充分激发他们对党的信任与热情，使他们能够满怀激情地投身实现中华民族伟大复兴的中国梦的伟大实践中。

13.3.3 践行“以人民为中心”发展思想的现实需要

（1）中国共产党自创立以来，始终将保护人民利益作为最基本的出发点。从1949年新中国成立以来，共产党采取了一系列给予人民更大权利和利益的改革举措，并持续实践着这一理念。“三农”问题是关系国计民生的根本性问题，是党和国家实施乡村振兴战略的重中之重，也是全面建成小康社会所必须解决的问题。而“三农”领域的八大短板正是“三农”问题的突出表现，集中表现为农村公共基础设施、农村供水保障、农村人居环境整治、农村教育、农村基层卫生医疗服务、农村社会保障、乡村公共文化服务、农村生态环境治理。解决“三农”问题，补齐“三农”短板是一项艰巨的任务，它需要我们从农村实际出发，因地制宜，尊重农民意愿，尽力而为、量力而行。

（2）为了全面促进人的发展，我们必须坚守全心全意为人民服务的核心理念，致力于构建一个令人民满意的服务型政党与政府体系。在实施乡村振兴战略的过程中，服务应成为核心，以构建符合新时代要求的乡村治理体系，此体系对服务宗旨有着更高的标准。服务与群众需求、民生改善及发展紧密相连，缺一不可。因此，提升服务意识与增强服务能力至关重要，它们不仅是推动乡村振兴的关键，也是凝聚民心的有力手段。树立科学发展观，转变农业发展方式，是引领乡村振兴、激发乡村内在动力的核心路径。在服务民生方面，我们要坚决落实国家政策，努力提高农民的生产生活水平，从而有效缩小城乡发展差距。同时，服务群众意味着要切实为民办实事，确保农民的各项利益得到实现和保障。农村管理人员在履行职责时，应全面考虑农民的多方面需求，既要维护其经济利益，也要保障其文化和民主政治权益。此外，提升服务能力、改进服务作风也是不可或缺的一环，它们对于推动农业农村现代化进程、为广大人民创造更加美好的生活具有至关重要的作用。

13.4 乡村治理的意义

13.4.1 进一步解放农村社会生产力，同城市生产力对接

近年来，农村生产力虽有较大发展，但与城市生产力相比差距还很大。改革开放40多年来，废除人民公社，推行家庭联产承包责任制，大大解放了农村生产力，对乡村经济起到很大推动作用，不但广大村民生活水平有了提升，乡村面貌也大为改观。但在社会条件、经济条件都比较薄弱的农村地区，还是广泛存在大量农村人口迁移到城市中工作和生活的现象，只有地处发达地区，环境良好的农村，才能吸引到少部分城市人口来就业。因此，必须改变乡村治理方式，解放和发展社会生产力，促进乡村地区的经济繁荣与发展，不断缩小城乡差距。此外，乡村经济结构变化这一生产力的变革决定着乡村生产关系的变革，农村生产方式与经营方式的转变，从本质上看，对乡村生产力发展起着积极的推动与促进作用，也为确立符合现阶段生产力发展需要的新时期农村治理模式提出了全新的要求。

13.4.2 推动城乡市场融合发展，增强乡村发展的动能潜力

相较于城市，社会主义市场经济在乡村地区的发展速度、经济规模及成就均显滞后，乡村在我国经济社会的快速发展中应扮演的角色亟须我们深入探索。农村市场经济所面临的诸多挑战，根源在于我国城乡市场经济发展的不协调与不平衡。首先，乡村市场经济起步较晚、发育程度较低，且基础设施相对滞后，这些特点使其在与城市市场经济的竞争中处于劣势，难以与城市实现有效对接。城乡市场发展的不平衡进一步加剧了资源分配的不平等，使得乡村在资源获取上处于更加不利的地

位。其次，乡镇企业面临着日益严峻的生存压力和竞争挑战。在“互联网+”和绿色发展的大背景下，传统的资源密集型和劳动密集型乡镇企业面临着多方面的转型压力，生存空间日益狭窄。最后，传统的农业生产方式限制了农产品商品率的提升。中西部许多农民高度依赖土地，仍处于靠天吃饭的困境，农产品商品率低下与偏远地区自给自足的模式相互强化，形成了恶性循环。因此，实现乡村市场与城市市场的有机结合，对于打破农村地区以血缘和地缘为基础的生产方式局限、激活乡村生产要素具有重要意义。在新的时代背景下，乡村变革势在必行。只有提高农业生产方式、经营方式和资源利用方式的商品化和市场化程度，并实现城市市场与乡村市场的有效对接，才能从根本上解决乡村市场发展面临的困境，推动乡村经济的持续健康发展。

13.4.3 巩固党和国家的治理根基，为实施乡村振兴战略助力

党组织建设在乡村振兴中具有重要的作用和意义，是推动乡村振兴工作的重要保障和引领力量。只有加强党组织建设，发挥党组织的领导核心作用，才能实现乡村振兴战略的顺利实施，推动农村经济社会的全面发展。农村基层党员和人才队伍建设存在的问题日益突出，已经严重影响到乡村振兴战略的顺利实施，影响到农村的改革发展大局。提升乡村基层党员的自身素质，无论是加强思想道德修养还是提高科学文化素质，都显得尤为关键。当前，乡村党员群体中普遍存在着学历层次较低、年龄结构偏大等问题。基层党组织在吸纳党员时数量较多，且缺乏严格的审核机制，导致党员队伍的质量参差不齐，难以确保基层党组织的纯洁性。深入分析，乡村党组织建设面临上述问题的根源在于多方面因素。农村经济相对滞后，农民收入水平偏低，这使得乡村在吸引和留住高学历、高素质人才方面力不从心，尤其是青年高学历党员往往不愿扎根乡村。此外，社会保障体系的不完善、文化建设的滞后等也是不可

忽视的重要原因。实际上，基层乡村党组织的建设不仅关乎乡村自身的繁荣发展，更对整个国家的建设具有举足轻重的意义。因此，我们必须在各个层面加大力度，强化乡村党组织的建设，推动乡村治理水平的提升和治理模式的创新，以充分展现其应有的活力和作用。

13.5　现状与问题

13.5.1　乡村治理呈现碎片化、低效化状态

由于中国乡村治理模式的独有特征，精准扶贫政策的推行在乡村中呈现自治与行政相结合的特点，政府引导作用显著。

第一，由于特有的政治体制，资源的把控和分配往往由政府主导，日常行政机构的运转带有浓重的行政化色彩。2004 年至今，历年中央一号文件均对“三农”问题十分关注，进一步向乡村建设加大政策及财政等各个方面的支持力度，取得了显著的效果。但相较于大量的投入，却没有得到最大预期的产出。主要是农民在乡村治理过程中，主体意识淡薄，对政府指导依赖过大，导致乡村治理的低效、无序状态。

第二，国家分配资源下沉过程中，具体分配到乡村，“村支两委”这一环节的重要性不言而喻，此过程即“村庄化”，行政化色彩进一步淡薄，呈现出半行政化特征。这一过程实际是乡村自治的体现，“村支两委”在一定程度上扮演着政府政策的引导者这一角色，发挥着使国家政策和村民意愿相结合、使资源得到具体分配的作用。但农村宗族关系、血亲关系等使得一些家族势力较大，有的甚至控制村民委员会，演化为黑恶势力。乡村振兴领域的不正之风和腐败问题，影响了乡村社会的稳定，降低了党和政府的公信力，成为乡村振兴、农业强国建设及实现共同富裕的阻力，必须健全自治、法治、德治相结合的乡村治理体系，完善乡村治理制度建设。

13.5.2 乡村治理的人才资源困境

不论何时何地，对于任何国家或民族而言，人才都是一种至关重要的战略资源。在乡村治理，尤其是落后贫困地区的乡村建设中，人才更是不可或缺的关键因素。因此，对于欠发达地区民族地区而言，人才问题是亟须解决的重要问题，主要有以下两个方面原因。

第一，人才外流现象日益显著，随着城镇化步伐的加快和城市社会经济蓬勃发展，乡村与城市间的社会经济差距日益扩大。这一背景下，大量乡村人口，特别是具备一定知识基础的青年，纷纷涌向城市寻求务工或教育机会，且往往缺乏回归乡村的意愿。对于社会经济相对贫瘠的地区，这一人口流动产生了双重影响：一方面，它为乡村居民提供了增收渠道，促进了乡村经济发展，减少了贫困现象；另一方面，大量青年才俊，特别是高学历人才的流失，加剧了乡村人才短缺问题，使得村干部在选拔优秀人才时面临更大挑战，进而制约了乡村的持续健康发展。

第二，提升乡村治理水平与质量，关键在于创新社会治理体制，这对于落后和贫困的乡村地区尤为重要。面对人才流失的现状，必须广泛吸纳各方力量，包括民间社会组织、村民自治组织等，形成高效协同的工作机制，减少政府行政的过度干预。在特定乡村地区，尤其是民族地区，应充分尊重并发挥德高望重的“长老”等地方领袖的积极作用，引导他们为乡村发展贡献正能量。

13.5.3 乡村文化异化问题凸显

随着社会经济的快速发展，乡村文化也得到了振兴。在互联网技术的推动下，乡村文化得以丰富多样，其传播渠道也大大拓宽，极大地满足了乡村居民的文化需求。然而，这一过程中也伴随着一些挑战。主观上，农村居民的文化素养普遍不高，导致他们在面对多元文化时，缺乏足够的鉴别能力和对落后、腐朽文化的抵御力。客观上，自媒体时代的到来使得乡村文化呈现出多样且复杂的面貌，优秀传统文化、糟粕文化、社会主义核心价值观以及西方部分腐朽低俗思想并存，这对乡村文化的健康发展构成了威胁。因此，一方面，应深入挖掘乡村文化的深厚底蕴，将优秀传统文化与社会主义核心价值观紧密结合，以乡村为土壤，培育出既具有地方特色又符合时代要求的文化产品，进一步丰富农村居民的精神文化生活。另一方面，要加强农村居民的文化教育，提升他们的文化素养和鉴别能力，使他们能够自觉抵制落后、腐朽文化的侵蚀，让乡村文化成为推动乡村建设的积极力量。

13.6 乡村治理模式研究与典型案例分析

我国地域辽阔、地形复杂多样，农村地区情况繁杂，这就决定了乡村治理在不同地区具有不同的地域性特点。在乡村治理过程中，建立健全党委领导、政府负责、社会协同、公众参与、法治保障的乡村治理体系，坚持自治、法治、德治相结合。治理模式的制定和创新，既要符合国情乡情，又要追求高效能，切实促进乡村的持续健康发展。“人”是社会治理的核心和关键，发挥各类人群的力量，使得乡村各方力量得到最大限度的集聚和释放是十分必要的（周应恒、严斌剑，2018）。中央和农业农村部自2014年以来不断对治理模式进行创新，其中比较成功的典范有广东清远、湖北秭归、四川眉山、江苏常熟、浙江绍兴等试验区。

13.6.1 落实党的领导，发挥党员先锋模范作用（村党组织领导）

党和乡村之间自古以来便有着不解之缘，无论是在烽火连天的革命岁月，还是在热火朝天的建设时期，党与乡村始终相辅相成、携手共进。乡村如同党的摇篮，孕育了党的力量；而党则是乡村建设和发展的领航者，尤其是乡村基层党组织，在乡村治理中扮演着中流砥柱和先锋模范的角色。随着农村经济的蓬勃发展，新兴经济特征的涌现，对基层乡村党组织提出了新的挑战与要求。党组织的政治引领作用在乡村治理模式的建设中至关重要。为适应农业农村的新形势，加强党组织建设和提升党员能力成为关键所在。当前，农业种植方式、经营模式的变革，已不同于计划经济时代。党对乡村经济的直接控制力有所减弱，利益格局和分配方式的转变，使得党组织在农民个体利益方面的影响力有所降低。同时，思想观念的变化也进一步削弱了乡村党组织的影响力。此外，部分基层党组织存在建设不力、脱离群众、牟取私利等问题，严重损害了党在农村的形象。在新时期，基层党组织能否引领乡村各项发展，特别是经济建设，带动农民致富，成为其面临的重要挑战。为此，各改革试验区结合当地实际，积极推进乡村社会治理模式的优化与转型。

广东清远和湖北秭归便是其中的佼佼者。两地通过改革乡村基层党组织，进一步加强了与群众的联系。清远市在村民小组中建立党支部，实现了基层党组织的广泛覆盖，增强了党在乡村的领导力和影响力。同时，清远市将基层党组织建设与乡村自治相结合，建立了科学的决策执行机制，既推进了基层党组织建设，又提高了乡村自治水平。湖北秭归则根据党员数量设置党小组或联合党小组，实现了党组织在农村村落的全覆盖。这一做法同样增强了党的领导力量，提高了农村自治水平。两地做法的共同点在于通过扩大基层党组织的覆盖面，加强其组织性和严密性，使其在基层发挥更加显著的作用。

与清远、秭归不同的是，四川眉山将基层党组织建设与农村产业建设紧密结合。眉山市彭山区按照领域、产业、经营主体建立三级党组织体系，实现了党组织的双重领导。这一模式不仅整合了行业资源和优势，加强了科学领导，还带动了产业发展，促进了乡村经济的协同发展。实践证明，这一模式在提升党组织凝聚力和综合素质、挖掘乡村产业发展潜力、提高农民收入等方面取得了显著成效。

13.6.2 自治重心下移，合理划分乡村治理范围

鉴于我国独特的乡村社会结构，村民自治的参与度面临一定挑战，特别是部分自然村地域辽阔、人口众多，而直接参与自治的村民数量有限，无形中增加了行政化色彩。同时，集体土地和资产的管理权往往集中在村民小组层面，而非村级层面。为应对这一现实，广东清远与湖北秭归等地积极探索，通过缩小自治单元，促进村民深度参与自治，实现了产权与治权的有机结合，有效激活了农村基层治理的活力，促进了农业产业的繁荣发展。

广东清远打破了以行政村为单一自治单元的常规，创新性地回归至村民小组层面，实施更为精细化的自治管理。这一变革并非单纯的制度创新，而是基于当地深厚宗族观念和社会现实的深思熟虑。考虑到宗族利益和血缘关系在乡村治理中的重要性，简单合并不同宗族可能导致利益冲突和矛盾激化。因此，清远采取了"乡镇—片区—村（原村民小组、自然村）"的分级管理模式，依据血缘联系和村民意愿，将村民委员会数量由 42 个增至 390 个，既缩小了自治范围，又激发了村民的自治热情，有效缓解了内部矛盾。

改革后，农民参与基层治理的积极性显著提升，乡村建设蓬勃发展，农民真正成为自治的主体。以广东活水村和英德村为例，活水村不仅成功开展了清洁运动，还自筹资金建设了健身设施，发展了农家乐等特色产业，实现了农民增收。所有建设资金均来自村民，通过工时记录和股利分配等方式，鼓励村民投资、经营和参与。政府则通过政策引导和"以奖代补"等方式，减少行政干预，激发农村活力和村民积极性。活水村的示范效应带动了周边村民小组的积极参与，英德市的美丽乡村建设项目申报数量甚至超过了奖励指标。

湖北秭归作为中部城市，农业占比大，其自治改革则更加注重地

域、产业等因素的综合考量。秭归将186个村、1152个村民小组细分为2055个自然村落，缩短了服务半径，增强了村民间的熟悉度和合作性，优化了资源配置，提升了基层治理效果。秭归在改革过程中充分尊重民意，确保村落划分得到村民拥护，赋予了村落自治的初始动力。水田坝乡王家桥村的改革实践便是明证，从合并后的不满到重新划分后的稳步发展，村民的幸福感和满意度显著提升。

13.6.3 凝聚乡贤力量，培养乡村自治能人骨干

相较于城市完备的教育体系与相对优越的物质条件，农村地区居民的教育水平普遍较低。城镇化进程的加速推动了人口从农村向城市的流动，特别是广大农村务工人员这一流动人口群体，尽管他们的教育背景有限，但丰富的社会经验使他们在农村中脱颖而出。因此，在乡村基层治理的实践中，必须高度重视并充分发挥这部分人群的作用，这对于推动乡村事务的有效治理和各项建设的蓬勃发展具有重要意义。

针对这一现状，湖北秭归采取了积极措施，鼓励通过民主选举产生的乡村自治骨干，包括各类能人，参与到乡村基层事务的管理中来。在此基础上，创新性地建立了“两长八员”制度，即党小组长、村落理事长以及经济员、帮扶员、宣传员、调解员、环卫员、管护员、张罗员、监督员等职位，所有成员均由村民民主选举产生。这些成员不仅是“两委”与村民之间的桥梁和纽带，更是协调双方关系的重要力量。由于他们深得民心，这一制度不仅促进了乡村文明的建设和各项事务的顺利开展，还有效减少了村民之间的矛盾。值得一提的是，该制度的实施并未给秭归政府带来财政负担，当地财政依然保持稳健运行。

广东清远则通过建立村民理事会来吸纳党员、村代表以及有知识、有文化、有声望的人士参与乡村治理。这些理事会成员是通过在党员、村代表、知识分子（包括中专生、大专生、大学生及教师等）、致富带头人等群体中民主选举产生的。目前，清远已建立了16412个村民理事

会，成员总数达到67492人，其中建立了相关章程的理事会覆盖率高达88.1%。作为辅助村民自治的重要力量，村民理事会在乡村事务管理的多个方面发挥了积极作用，推动了社会经济建设和农村面貌的改善，同时也激发了村民参与自治的热情。

浙江绍兴市柯桥区则另辟蹊径，通过同乡联谊的方式建立了各级联谊组织。在镇一级成立乡贤联谊会，在村一级则设立乡贤参事会。这些组织的人员不仅拥有一定的社会地位和资源，在村民中享有较高威望，而且在调节社会矛盾、解读政策以及协调村委会与村民关系方面具有独特优势。同时，他们经验丰富、视野开阔，能够在基层事务管理中担任顾问角色，为乡村各项事务的发展积极建言献策。充分发挥这些人员的优势作用，对于推动当地经济建设和社会治理具有显著意义。

13.6.4 树立道德规范，共商建立村规民约条例

在传统中国社会中，乡村的治理并不是依靠"皇权"为核心的官方力量，而是更多侧重村规民约等的自我约束（周铁涛，2017）。实际上，村规民约并没有严格的内容要求，其内容大都根据村落的不同各有其侧重点和差异。但多数诞生于人们日常逻辑，不同于严密的和强制性的国家法律，其属于一种社会规范，作用较为独特（陈寒非、高其才，2018）。新中国成立以来，乡村文化曾一度面临衰退的迹象，但随着改革开放的深入，经济的蓬勃发展和思想束缚的解除，乡村文化再度焕发生机，村规民约也随之复苏，并进入了一个快速增长与备受重视的新阶段。

在村规民约的制定过程中，四川成都与江苏常熟两地均秉持民主原则，鼓励村民广泛参与、协商共议，以此为基础构建村规民约体系。尽管村落居民相对固定，小组内部村民间相互熟识，构成了一种"半熟人社会"，但村规民约对村民行为的约束与引导仍具有不可替代的作用。以成都柏家村为例，该村从社会治安、村风民俗、消防安全、环境

卫生、公益事业、邻里关系、婚姻家庭及违约处理八大方面综合制定了详尽的村规民约，明确反对封建迷信、狭隘个人主义和家族利益至上的观念，积极倡导美德与相互尊重的社会风气。在强调村规民约的规范性指导作用的同时，还应配套建立强有力的奖惩机制。当前，多数村落中的先进个人与家庭评选，均依赖村民的集体推荐与认可。然而，值得注意的是，中国部分村落的道德约束机制和舆论氛围正面临着失效与衰退的风险。为此，浙江柯桥地区通过成立乡贤会，充分发挥乡贤在引领乡村正确价值观方面的积极作用，旨在树立乡村美德的典范，成为推动乡村道德建设的正能量。

13.6.5 侧重公共服务，完善建设基层服务体系

随着村民自治的重心下沉至基层，村小组的角色日益凸显，而行政村的功能则需进行适度重构，以适应新的需求。村小组不仅要妥善处理乡村日常事务，还需扮演多政府行政辅助的重要角色。然而，当前村小组独立承担这些职责尚存挑战，因此，原行政村需加速功能转型，既要强化行政职责的履行，又要积极承接政府的部分乡村公共服务职能，不断完善乡村公共服务体系。

广东清远，受制于复杂地形，农村地区广布山区，居住分散，交通受限，公共服务体系相对薄弱。自治功能的下沉，实质上是解决村民民生问题、提升公共服务水平、完善服务体系的过程。其中，构建多层级服务平台尤为关键。清远在县、镇两级建立了社会综合服务中心，村级则设立了社会综合服务站，形成了覆盖广泛的三级服务网络。以英德市金牛镇为例，该镇通过划分片区，整合村服务站点，设立代办员制度，使村民不需要远赴县城或城镇，即可在村中办理多项党政事务，极大提升了办事便捷性和效率。这一平台不仅整合了公共服务体系，还促进了生产资源的优化配置，为农村经济发展注入了新动力。

湖北秭归与广东清远通过制度创新，整合资源，提升生产效率与生

活便利性，更侧重于解放和发展农村生产力，挖掘内在经济潜力。秭归实施“幸福村落”规划，鼓励村镇依据发展需求，引导村民制定发展规划。由村落理事会主导，召开村落代表大会，集中村民意见，投票确定工作重点及年度项目计划，再由村“两委”统一上报审批，这一过程显著提高了效率，确保了项目贴近村民需求，赢得广泛支持。如王家桥村李家院子村落，在“十三五”规划中提出了修路、脱贫等民生工程。其中计划新修胡开钊门口至杨家河大坪果园公路与金家坪至胡家岩沟、朱家堡沟八字形排洪沟二条，全长分别为 500 米和 1500 米。在脱贫攻坚过程中，已有 3 户贫困户脱离序列。“幸福村落”项目不仅激发了村民积极性，整合了村落资源，提升了公共服务质量，还有效对接了行政部门政策与资源，确保资金和政策精准满足村民需求，提升了村民生活水平，使相关产业和重大项目真正惠及民众。

13.7 路径建议

13.7.1 健全基层党组织，发挥党员引领作用

在传统农村自治格局中，基层党组织往往扎根于自然村层面。面对新时代农业与农村环境的深刻变革，强化党在农业农村的领导力显得尤为迫切。实践证明，对于地域辽阔的自然村，党组织的深入布局能够显著增强党在乡村基层的影响力，并充分发挥基层党组织及党员的引领作用。在经济发达地区，党组织与产业发展的深度融合，更是激发了农村与农业经济的内在活力。党员作为先锋模范，与优势产业的结合，为农村经济发展注入了强劲动力。然而，加强基层党组织建设并不意味着要包办一切，而是要在确保党的领导、宣传及监督作用的同时，激发村民参与基层治理与建设的积极性。新时期，农业与农村涌现的新经济要素，进一步凸显了基层党组织和党员的关键作用。

1. 巩固村党组织对乡村治理的领导地位

村党组织作为党的基层力量体现，是乡村治理中的政治核心。面对农业农村的新形势，加强党的领导至关重要。乡村治理既要求党组织的坚定性与战斗力，又需其兼具“硬权力”与“软权力”。前者体现政治功能，后者则引领乡风文明与思想道德建设，确保各项建设稳步前行。法律法规如《中国共产党章程》《村民委员会组织法》等，均明确了党的领导核心地位。在实际操作中，党的工作方式需随现实变化而调整。

第一，优化与改革村党组织结构。面对部分农村地区党员人数众多但组织结构单一的问题，改革势在必行。对于党员超过 100 人的村落，应成立党委；超过 50 人的，应设党总支。这一设置不仅适用于自然村和村小组，也应推广至农村产业组织如合作社中。加强党员管理监督，激发其积极性，同时强化对下级党组织的监管。

第二，加强村党组织阵地建设。党组织阵地涵盖服务设施、办公地及舆论平台等。其中，组织活动阵地及服务设施应向标准化迈进，制定统一规范，发挥多功能作用。完善舆论阵地，利用互联网 + 智慧党建平台，如网站、App、公众号等，线上线下同步发力，凝聚党员群众力量，强化农村事务管理。

2. 深化党组织领导下的议事协商机制

科学的决策机制是基层党组织高效运行的关键。遵循“四议两公开”原则，结合本村实际，制定决策流程，确保党组织对农村事务的领导与管理，促进事务顺利推进。建立健全议事制度，扩大村民自治参与面，提升决策的科学性与民主性。定期召开党群联席会议，每季度至少一次，由村党组织召集，涵盖村落及产业党组织成员，并邀请外出务工人员代表参与，共同商讨关乎村民切身利益的事项。

13.7.2 壮大多元治理主体，实现乡村治理多元协同

随着乡村社会的全面发展，尤其是经济变革引领的多领域繁荣，传统农村治理模式正面临前所未有的挑战与考验。作为乡村自治的领航者，村党组织亟须深化与各组织的职能融合，统一部署，引领各职能部门更高效地服务农民与农村，全面提升服务水平。特别是针对集体经济组织，应加大生产服务供给力度，完善公共服务体系，强化土地权益保护，明确土地经营权与承包权，加强集体资产核算，严防资产流失，切实维护村民集体利益。同时，村党组织需加大对党员的教育培养力度，既要提升党员的技术知识，使其成为农村建设的多面手，也要加强政治教育，塑造政治坚定、能力突出的党员队伍，真正满足农村发展的需求。此外，还应充分发挥工会、共青团及其他社会组织的作用，挖掘其潜力，促进公益事业与社会福利事业的发展。为应对农村社会问题，如留守儿童心理咨询等，应培养一支思想觉悟高、技能精湛的人才队伍，普及志愿服务理念，组建农村志愿团队。村党组织还应加强先进文化的传播，引领社会风尚，树立典型榜样，发挥示范引领作用。

在贫困地区，政府作为资源的主要掌控者，其公权力往往较为强大，而社会、个人及市场力量相对薄弱。因此，政府引导式治理需注重壮大其他多元主体的治理作用，为其提供更多参与治理的机会。以耳村为例，政府作为唯一治理主体，限制了其他主体如个人、企业和社会组织发挥作用。为此，应明确政府职能，完善治理机制，降低乡村自治门槛，鼓励并引导多元主体参与，形成多中心治理格局。在此过程中，政府应首先提升村民参与积极性，增强项目透明度，接受村民监督。其次加强多元主体自身建设，包括组织形式与管理模式的优化，提升其治理能力，利用准入机制和政府资源优势，保障项目顺利推进。最后强化多元主体间的协同合作，在平等协商、相互尊重的基础上，共同参与事务管理，形成多主体共治的良好局面，推动乡村社会的全面进步与发展。

13.7.3 吸引培育乡贤、能人和新型农民，保持乡村发展活力

乡贤、能人是乡村治理的重要资源，在各项经济建设中发挥中坚作用，乡贤、能人的诞生或推举机制中一方面应坚持尊重民意、发扬民主，另一方面应加强相关管理机制和体制的建立，使各项事务在监督中运行，使村民自治真正为村民所拥护。在乡村自治的过程中，决策的科学性、民主性对于决策能否得到村民拥护、能否顺利实施具有重要意义。乡贤、能人除了从农村内部推举产生，应进一步引入外部具有一定能力和较高思想道德素质的人才，唯有新鲜的血液，才能使乡村治理焕发生机。另外，在基层自治的实践中，应当充分激发并保护乡村自治所需各类人才的积极性，通过融合精神鼓励与物质奖励的双重策略，有效吸引并留住人才，为乡村的持续繁荣与发展奠定坚实基础。

13.7.4 健全自治、法治、德治相结合的乡村治理体系

党的十九大报告高度重视乡村治理体系建设，坚持自治、法治、德治相结合，这是乡村治理成功实施需要遵循的基本原则。“三治合一”的治理体系，符合国情与现实，它所形成的治理体系，对推动乡村民主的发展具有重要意义。在引领治理体系不断完善的过程中，促进乡村民主建设，使乡村治理活动有序开展，切实实施乡村振兴战略。

1. 健全乡村治理体系

以乡村治理体系为核心，构建村民自治制度，对于推进农村民主建设具有举足轻重的意义。村民自治制度不仅是基层民主的基本制度保障，更是中国特色社会主义民主政治的重要组成部分。通过民主选举产生的村民委员会，确保了农民各项权利的充分保障，包括选举权、决策参与权、监督权等，从而畅通了农民利益诉求的渠道。随着我国社会主要矛盾的变化，基本国情也随之调整，这对党组织，特别是基层党组织提出了新的要求。在乡村治理模式转型的过程中，党组织的建设显得尤

为重要。必须以制度改革为引领，强化党组织的领导作用，同时充分激发村民的积极性、主动性和创造性，提升农民的主人翁意识。通过各方面的有效协同，确保治理模式的变革能够适应经济社会的发展，并与之紧密结合，产生积极的推动作用。对于经济较为发达的地区而言，乡村治理的参与方更加多元，对地方经济发展的影响也更为显著。

一是坚持在党的领导下实行村民自治。农村传统治理中的二元结构特征显著，农村党组织在这一框架下应当积极发挥战斗堡垒作用，紧密联系群众，以更加鲜明的领导角色推动乡村治理工作取得实质性成效。党组织应强化其引领作用，确保党的领导贯穿乡村治理的各个环节。与此同时，村委会的角色定位不应局限于处理行政事务，而应更加注重引领村民参与各类建设活动，特别是经济发展、生态环境保护以及民生工程等关键领域。村委会应鼓励并促进村民的有效参与，确保村民自治制度不仅得到形式上的实施，更能在实践中真正发挥其应有的功能，实现相关职能的充分履行。

二是完善党组织引领下的村务监督机制是保障乡村治理有序进行的关键。基层党组织履行监督职能是其核心使命之一，对于村务运作的体制化至关重要。若不能有效遏制乡村腐败问题，乡村治理将陷入无序与混乱之中。因此，村务监督制度必须坚持在党组织的坚强领导下实施，确保监督工作的独立性，避免组织重叠、无序低效的现象。同时，要加强乡村党组织与乡镇纪委的紧密合作，形成监督合力。明确监督委员会、党组织与村委会之间的权责关系，是破解农村监督难题的关键所在。鉴于中国农村村落人口相对集中，“熟人社会”特征显著，监督委员会在履行日常监督职责的同时，应逐步向更加专业、高效的监察方向转型。一个高效运行的监督机制，对于保护村民利益、维护乡村工作有序开展具有不可估量的价值。因此，我们必须不断优化监督机制，确保其能够充分发挥作用，为乡村治理的健康发展提供坚实保障。

2. 健全乡村治理法治体系

对于乡村治理而言，法治不仅是法律体系的完善，更在于法治观念能否深深植根于民众心中，这对于乡村治理体系的有序运行起着至关重要的保障作用。然而，当前乡村治理仍受限于多种因素，呈现出较为明显的“人治”色彩。基层党员干部及广大农村群众法治观念淡薄，特别是部分干部过分依赖个人权力和权威，导致法律在乡村治理中的效用大打折扣。乡村法治化作为农村现代化的核心要素，必须坚持依法自治的原则，党员干部应率先垂范，运用法治思维引领治理实践，确保农村各项工作在法治轨道上稳健前行，切实维护群众利益，构建和谐乡村社会。同时，构建多层次、多主体的协商制度对于完善法治体系具有积极的推动作用。

首先，要制定符合人民意愿与党和国家要求的乡村自治规范，如村规民约等，完善乡村日常事务管理和各级议事制度，实现常态化运作。明确权力清单，确保党员干部依法行使权力，推动依法治村深入实施；同时，加快相关法律法规体系和法律组织结构的完善，提升法律质量，加大农村普法力度，让法治观念深入人心，降低执法成本，增强执法力度，赢得广大乡村群众的支持与拥护。引导基层干部群众学习法律、理解法律、运用法律，使法律在解决基层矛盾中发挥更加突出的作用。

其次，要依法探索和完善民主协商制度。民情民意的顺畅表达对于提升乡村自治质量至关重要，搜集辖区内民情民意对于科学决策具有重大意义。应积极搭建议事会等民主协商平台，鼓励村民和社会组织广泛参与，将自治转化为共治，拓宽参与范围和平台。在完善和创新乡村基层治理体系的过程中，应以法律为指引，以基层党组织为领导核心，吸引更多村民参与政治生活，实现治理主体多元化，共同协商农村重大事项，扩大参与人群，形成良性互动格局。

3. 健全乡村治理德治体系

道德在乡村文明中占据着重要地位。随着中华优秀传统文化的沉淀，乡村的德治文化深入人心，这是维护乡村秩序的一个重要层面，更是乡村治理体系中重要的构成部分。在实施乡村振兴战略时，精神文明建设特别重要，其是推进乡村治理、促进农村发展的重要力量。在乡村治理的进程中，要强化社会主义核心价值观，推动建成更高水平的社会道德体系，积极指导村民进行实践。乡风作为一种精神力量，使村民约束性、自觉性大大提高，从一定意义上说，乡风所起到的作用甚至比法律法规还要大，特别是流行于中国乡村的“人情”“礼治”被当作有力的道德约束，有相当大的群众支持与接受。

13.7.5 调整财政支持方式，完善公共基础设施

在推进乡村建设的进程中，政府应当扮演引领者的角色，着重加强农村公共设施的建设与完善，同时积极保障并全力支持农村基层自治的有效运行。在此过程中，政府应深刻理解并充分尊重民意与市场规律，力求在决策过程中减少行政干预的痕迹，激发乡村发展的内在活力，并致力于构建一个公平、开放的竞争环境。特别是在财政资源的分配上，政府应当优先考虑对集体民生工程的投入，诸如河流的清淤治理、水库的兴修扩建以及道路的拓宽升级等，这些项目对于提升乡村整体生活质量和促进地区均衡发展具有至关重要的作用。为避免资源过度集中于少数村庄，政府应确保资源分配的均衡性，力求使更多村庄能够享受到公平的发展机遇，从而激发农村各地区的内在发展动力和积极性。资源分配的不均衡可能会严重挫伤村民的参与热情和积极性，因此，这一环节的公正性至关重要。此外，政府还应高度重视人才的引进与培养，特别是那些愿意扎根农村、服务乡村建设的人才。为此，政府可以采取一系列物质和精神上的激励措施，如提供优厚

的薪资待遇、良好的工作环境以及广阔的发展空间等，以吸引并留住这些宝贵的乡村建设力量。

13.8 结论

实施乡村振兴战略，是党的十九大作出的重大决策部署，是决胜全面建成小康社会、全面建设社会主义现代化国家的重大历史任务，是新时代“三农”工作的总抓手。“三农”问题历来受到党中央、国务院高度重视，农业现代化在我国社会主义现代化中占有举足轻重的地位。乡村治理现代化是国家治理体系与治理能力现代化的重要体现，也是推进国家治理现代化的必然要求。健全自治、德治、法治相结合的乡村自治体系，是我们党在新的历史方位，对乡村治理作出的重要要求。在乡村治理的宏伟蓝图中，党组织的战斗堡垒作用和领导核心地位是不可或缺的关键因素。乡村党组织整体应牢固树立起坚定的领导核心形象，成为推动乡村发展的基本力量。而村党组织书记，作为这一宏伟蓝图的组织实施者，肩负着引领基层党组织发挥领导功能的重任。随着时代变迁与社会发展，现代乡村社会治理体制的建设亟须以党组织为坚强的领导核心，政府履行好自身职责，社会各界协同合作，公众积极参与，同时强化法治保障。在这一框架下，我们要将制度建设与乡风文明建设紧密结合，积极培育并引领积极向上的社会风尚，不断加强文化建设和道德建设，为乡村发展注入强大的精神动力。同时，我们要广纳贤才，吸引各类人才和组织投身乡村建设，将各方的正能量凝聚于乡村振兴的伟大事业中。通过这些努力，我们将推动乡村建设之路不断向善治的方向迈进，为乡村的繁荣与发展贡献不竭的力量。

14　生活富裕

党中央正站在一个崭新的历史方位上，作出乡村振兴战略重大决策部署，这在全面建设社会主义现代化国家进程中迈出了重大一步，也是新时期发展“三农”问题的总体着力点。中共中央、国务院《关于实施乡村振兴战略的意见》指出，乡村振兴，生活富裕是基础。必须坚持人人有责，人人有乐，本着抓住关键、补齐短板的原则及强弱项的要求，围绕着广大农民最为关心、最为直接、最为实际的利益，一件事接着一件事，一年接着一年干，将乡村打造成幸福美好的新家园。乡村振兴就是要全面振兴、融合复兴、长远复兴。既要把产业搞活，还应促进包括民生、文化、治理、生态在内的综合发展水平的提升。乡村振兴战略对“产业兴旺、生态宜居、乡风文明、治理有效、生活富裕”提出了总体要求，其中，“生活富裕”是乡村振兴之本，是促进农民整体发展和乡村社会整体进步的一个重要表现。使农民拥有一个持续而稳定的增收渠道，做到经济宽裕、衣食无忧、生活便利和共同富裕，是实现乡村振兴的目标所在，同时也是实现社会协调发展的基本要求。

14.1　生活富裕的内涵

处于贫困线的边缘，自然不能称其为富，富起来，先脱贫。历史与实践均证明，使贫困地区农民摆脱贫困，不仅是乡村振兴的“面子”，更是“里子”问题。发展就是摘掉贫困帽子、迈向生活宽裕的良好道路。当前，亟须构建一套长效的政策机制，以多元化策略促进农民增收致富。这包括强化集体经济、组织农民外出务工经商、提升农民财产性收入、开拓新兴产业与业态、推行适度规模的多种经营模式、激励新型农业经营主体的发展，以及延伸农业产业链等。通过这些途径，持续缩小城乡收入差距，加速农民致富进程。尤其应关注深度贫困地区及特殊贫困群体，依托精准脱贫战略，建立既科学合理又分类指导、因势利导的精准脱贫机制。其核心在于优化贫困地区的开发环境，破解特殊贫困群体的现实难题，并激发贫困人口的内在致富动力，从而为乡村生活的全面富裕奠定坚实基础。

生活富裕不仅体现在经济上富足，更涵盖农民能够平等享有优质教育和医疗资源的权利。近年来，农村教育与医疗条件确实取得了显著进步，学校设施与师资力量均得到大幅提升，然而，从全局视角审视，当前农村的教育与医疗水平距离农民的实际需求及他们对美好生活的向往仍有一定差距。在引领农民走向富裕生活的道路上，必须不断发展农村义务教育，积极探索并实施健康乡村战略，以缩小城乡教育与医疗服务的差距，推动两者深度融合发展，全面提升农民的生产生活水平。

生活富裕不仅是物质层面的“口袋富”，更是精神层面的“脑袋富”。新时代的农民不仅追求温饱，更渴望健康饮食与丰富精神文化生活。因此，在乡村振兴的征途中，我们必须正视并应对农村公共文化衰退的现状，通过挖掘优秀民俗文化、培育农民文艺人才、加大对农村公共文化设施的投资，将“文化下乡”工作做深做实，丰富农民的精神世界，让他们深切体会到富足生活的真谛。

如何破解农村贫困问题、加快农民致富的步伐，已经成为目前最为关键、最为迫切的问题。实现生活富裕，是具体而实在的，它体现在人们的日常生活中，铭记于人们的心中。我们必须以脱贫为前提、以改善民生为基础、以人才为支撑，全力加速脱贫进程，实施精准扶贫，集中力量攻克深度贫困，确保小康路上不落一人。通过壮大特色小镇、推进农业供给侧结构性改革、深化产业链、发展农村电商等新兴业态，促进产业融合，为农民提供多元化增收渠道。同时，完善基础设施、强化社会保障、美化生活环境，让农民共享改革发展成果，焕发乡村活力。引导智力、科技、经营人才下乡，特别是加大对回乡人才的扶持与指导，带动农民就业创业，让新型职业农民与乡土人才竞相绽放，凝聚乡村振兴的强大力量，激活生活富裕的源头活水。“为政之道，在于安民；安民之举，在于富民。”高质量发展应以人为本，重视人均指标，真实反映民众的收入与生活水平。我们应以共同富裕为愿景，将乡村振兴的阳光普照广袤农村，惠及数百万农民，不断增进人民的获得感与幸福感。

14.2 生活富裕的意义

14.2.1 “生活富裕”是实现“共同富裕”的必然要求

乡村生活的富裕，是实现乡村振兴的基础，更是建设中国特色社会主义，实现全体人民共同富裕的必由之路。共同富裕和生活富裕是一个整体和局部、结果和过程、全局和局部的关系，二者是内在统一的。一方面乡村生活富裕是现阶段共同富裕的根本形态，它与消除贫困、改善民生并不断满足人民日益增长的美好生活需要一起，充分反映出我国正处在社会主义初级阶段这一基本国情及其主要矛盾。另一方面共同富裕又是乡村生活富裕的目标导向与价值追求，和以人为本的新发展理念相辅相成，共同彰显了中国特色社会主义制度在全面建设现代化进程中的体制优势与发展活力。

14.2.2 “生活富裕”是推动农民全面发展的重要基础

新时代是农业全面升级、农村全面进步、农民全面发展的时代，乡村振兴的最终目标就是要充分实现“农业强，农村美，农民富”。正确地认识与把握“三农”问题，将生活富裕作为乡村振兴目标，并将其融入农民的全面发展之中，对于推动新时代下更加均衡、全面的社会发展具有极其重要的意义。

14.2.3 “生活富裕”是“生活宽裕”的标准提升

通过不懈奋斗，农民的生活水平已由温饱迈进小康，目前进入了一个相对富裕阶段。2005 年，中共十六届五中全会提出了“扎实稳步推进社会主义新农村建设”的任务，以实现农民“生活宽裕”为目标。在十多年的新农村建设中，我国农民生活水平有了大幅提高。尤其是党的十八大以来，我国贫困发生率已由 10.2% 降至 3.1%。在此时代背景之下，以“生活富裕”为愿景推动乡村振兴，顺应了时代的新需求。在理论维度上，“生活宽裕”向“生活富裕”的转变，意味着人们对乡村发展目标理解的升华，解答了在新时期要振兴一个什么样的农村，如何振兴农村这一重要理论问题。在实践维度上，这一转变意味着我们在追求农民生活水平和生活质量同步提升的同时，更加重视民主、法治、公平、公正等社会价值的实现，致力于营造一个安全、和谐且满足农民多元需求的生活环境，让广大农民群众在物质和精神层面均能感受到实实在在的获得感、幸福感、安全感。

14.3 保障和改善农村民生，实现生活富裕，助力乡村振兴

“小康不小康，关键看老乡。”乡村振兴的核心出发点与最终归宿，在于确保农民能够充分且公平地分享改革与发展的成果，实现生活富裕。让乡村繁荣兴盛，让农民富庶起来，尤其是在欠发达地区民族地

区，有效保障并改善农村民生是一项艰巨任务。在引领农民走向富裕的征途中，必须精准把握关键问题与核心环节，坚持人人参与、人人受益的原则，紧密围绕农民群众最关心、最直接、最现实的利益诉求，加速弥补农村民生领域的短板，完善农村美好生活保障体系，确保广大农民群众能够真切感受到实实在在的获得感、幸福感与安全感。

14.3.1 加强农村基础设施建设

加大对农村基础设施建设的投入力度，促进城乡基础设施的无缝对接，提升农村各项基础设施水平。

1. 优化农村交通物流设施

通过示范县建设，积极推进"四好农村公路"目标的实现，强化了农村公路的管理与养护机制，确保了农村基本出行条件的持续改善。同时，鼓励城乡公共交通的融合发展，将城市公共交通服务延伸至周边地区，并逐步向符合条件的村庄提供便捷的客车服务。特别关注革命老区、民族地区以及边疆和贫困地区的交通建设，支持发展公益性铁路运输，并继续运营"慢火车"。此外，加快了农村物流骨干网络的建设，促进了商贸、邮政、快递等产业在农村地区的繁荣发展，提高了农村设施和网络的配备标准。同时，逐步完善农村物流的末端网络，条件成熟时，将逐步建立面向农村的联合配送中心，以进一步提升农村物流效率。

2. 完善农村水利基础设施网络

构建农村水利基础设施网络，重点提升节水与供水能力，并加强防洪减灾体系建设。在科学有序地推进重要水利工程建设的同时，增强了灾后水资源薄弱环节的应对能力。协调推进中小型水资源工程建设，提高了抗旱应急能力，并实现了大中小微水利工程的有机融合，让骨干工程与田间灌溉系统紧密相连，发挥长期效益。此外，还加强了农村饮用水安全管理，改进了水源管理；对中大型灌区进行了节水改造，推动了现代化进程；有序建设了多个节水生态灌区，并加快了大中型灌区的更新改造工程。同时，注重小型农田水利设施的高质量建设，实施了水系联通、河塘排沙改造等工程，推动了智慧水利的发展。此外，还进一步完善了农村水利工程的产权制度，对管理体制进行了改革，健全了基层水利服务体系，以确保项目的长远良性运行。

3. 构建农村现代能源体系

积极优化农村能源供应结构，大力发展可再生能源，如太阳能、浅层地热能、生物质能等，并根据当地情况适当开发风力和水力资源。同时，完善了农村能源基础设施网络，加快了农村电网升级，提高了农村天然气供应的普及率。此外，还加快了清洁能源项目的推进，如热电联产、生物质供热以及大规模清洁化的生物质天然气和沼气项目等。致力于促进农村能源消费升级，特别是提高电力在农村能耗中的占比。同时，积极推进北方农村冬季清洁供暖工作，并广泛推广散煤替代工作。在建筑和农业领域，也大力推广节能、绿色技术和产品。此外，还鼓励“互联网＋”智慧能源的发展与探索，以打造农村能源革命的示范区。

4. 强化乡村信息化基础

加快推进农村宽带网络覆盖和第四代移动通信普及，深入实施电信普遍服务。同时，实施新一代信息基础设施建设项目，贯彻数字乡村战略，加速物联网、地理信息、智能设备等现代信息技术与农村生产生活的深度融合，为农村现代化发展注入新动力。此外，还大力推进大数据在农业农村的创新应用，并推广远程教育、远程医疗、金融服务进村等项目，为农村居民提供更加便捷的服务。我们还将建立新型农村统计智能化信息系统，提高信息化水平，促进农村经济社会的可持续发展。在乡村信息化基础设施建设的进程中，也同步谋划、同步构建和落实网络安全工作，以确保农村信息化建设的稳健发展。

14.3.2 促进农村劳动力就业、提升农村劳动力就业质量

党的十九大报告指出，“就业是最大的民生”，“要坚持就业优先战略和积极就业政策，实现更高质量和更充分就业”。随着经济的蓬勃发展，人口流动已成为社会不可回避的重要议题，特别是大量农村人口涌入城市，为城市经济注入了新的活力，推动了城市的持续发展与扩张。然而，由于城乡体制的差异，这些农村劳动力的就业状况却显得颇为尴尬。对于欠发达地区民族地区而言，就业形势尤为严峻，因自然条件相对封闭、与城市经济联系薄弱，加之缺乏经济支柱产业，就业机会匮乏，大量年轻劳动力选择外出务工并定居城市，农村空心化现象日益严重。因此，如何发展农村经济产业、提供更多就业岗位，以及如何构建城乡一体化的就业机制，促进农业人口向非农人口的转化，为产业集聚提供充足的人力资源保障，已成为当前亟待解决的关键问题。党的十九大报告进一步强调，“促进农村一二三产业融合发展，支持和鼓励农民就业创业，拓宽增收渠道”。城乡就业一体化旨在按照市场经济规律，消除体制性障碍导致的二元就业机制，将城市与农村就业置于同等地位进行整体规划，为城乡居民提供平等的就业机会、环境与服务，建立统一的劳动力要素市场，实现城乡劳动者的自由流动、自主择业与平等就业。“十三五”规划也明确提出，“坚持就业优先战略，实施更加积极的就业政策，创造更多就业岗位，着力解决结构性就业矛盾。完善创业扶持政策，鼓励以创业带就业，建立面向人人的创业服务平台”。这要求打破城乡、区域、产业间的壁垒，协调人力资源市场，保障劳动者享有平等的就业权利，并强化灵活就业机制，鼓励职工自主就业。

1. 拓宽转移就业渠道

党的十八届三中全会提出，要建立健全体制机制，促进工农、城乡协同发展。在此过程中，应注重工农互惠，让农民平等参与现代化进

程，共享现代化成果。要加快构建新型农业经营体系，赋予农民更多财产权利，推进城乡要素平等交换和公共资源均衡配置，完善城镇化健康发展体制机制。促进经济的全面发展和增加就业机会，推动农村劳动力的就业转移，既鼓励他们到外地寻求更广阔的就业空间，也积极扶持本地及周边的就业机会。同时，关注那些具有强大就业吸纳能力的行业和企业，与新城镇化建设紧密结合，合理引导产业梯度转移，以创造更多适合农村劳动力的就业机会，并推进农村劳动力转移就业示范基地的建设。加强劳务协作，有序组织劳务输出。开展一系列促进农村就业的行动，发展农村特色产业，推进农村经济多元化，增加就业岗位。同时，结合农村基础设施建设和其他工程项目，提倡以工代赈等方式，为农村劳动力提供更多外出打工的机会，从而推动农村经济的持续发展和社会的和谐稳定。

2. 强化乡村就业服务

在推动乡村振兴的过程中，要加强公共就业服务体系建设，强调政府政策引导和支持，推动政策引导扶持和市场调节有机结合。公共就业服务是指各级政府劳动保障部门为就业提供的公益性服务，包括劳动力市场信息的调研与发布、提供建议与援助等，起到连接劳动者与用人单位的中介作用，促进劳动力资源的合理配置。要按覆盖城乡、普遍享受的原则，为全社会提供统一、标准有效的公共就业服务，为各类劳动者求职就业、用人单位招聘用工提供便利条件，逐步实现区域间、城乡间基本公共就业服务均等化。为此，必须加快公共服务的组织机构和队伍建设，全面实施公共就业服务政策举措，同时开展绩效评估，建立国家公共就业服务统一信息系统，完善公共就业服务信息指标体系。建立就业援助机制，协助就业困难人员解决就业难题。完善覆盖城乡的公共就业服务体系，为大众提供全方位的公共就业服务。同时，加强乡镇和行政村基层平台建设，拓展就业服务范围，提升服务质量。进一步加快公共就业服务信息化建设，实现线上、线下一体化的服务模式。此外，还要开展农村劳动力资源调查统计工作，建立农村劳动力资源信息库，实施动态管理，促进建立满足就业与人才成长需要、覆盖城乡全体劳动者的职业技能培训体系，提高职业技能培训的针对性。以整合资源为基础进行合理布局，建成若干公共实训基地。

3. 健全劳动权益保护制度

劳动者权益保护是促进城乡就业的关键环节。以往劳动者权益受损、维权渠道不畅的情况，直接影响劳动者的就业选择。新生代劳动力的维权意识日益增强，要吸引他们积极就业，必须完善用工管理体系，健全劳动者权益保护制度。随着劳动者权益保护宏观环境的不断改善，社会对劳动者权益保护的关注度显著提高，许多用人单位开始积极践行《中华人民共和国劳动法》《中华人民共和国劳动合同法》等，这使我国城乡劳动者权益保护状况得到了很大改善。然而，目前劳动者权益保护状况仍不理想，劳动争议案件数量居高不下，劳动者长期处于弱势地位，尤其是农民工权益长期得不到有效保护。在维权体系追求平等性的同时，更要加强对农民工的保护，这是乡村振兴过程中实现生活富裕的重要一步。具体来说，首先要加强劳动者普法宣传与劳动保障监察。政府相关部门必须采取各种手段方式，制定可行的策划方案，向用人单位和劳动者宣传劳动法规。各地劳动部门要与宣传部门、司法部门、工会组织等协同合作，对本地区劳动法规的宣传工作作出部署。在电视、广播、报刊、网络上设立宣传劳动者权益保护法的专题节目，组织编排文艺节目，用广大职工群众喜闻乐见的形式宣传劳动法规。其次要疏通、扩展劳动者维权的渠道。劳动仲裁和劳动保障监察是解决用人单位和劳动者劳动纠纷的两个渠道，都是依据现行的劳动法律、法规、规章对劳动纠纷进行处理。另外，还可以建立专门的劳动争议调解中心，在镇街设立劳动人事争议仲裁派出庭，实现“调”“裁”有效对接，提高辖区内劳动争议案件的处理效率。这将大大减少维权成本，有利于公众特别是农村法律意识欠缺的外出务工人员维护自身的正当权益。最后要推进用人单位承担社会责任。用人单位的社会责任是指用人单位在谋求自身利益最大化之外所负有的维护和增进社会利益的义务。政府应抓好社会责任审核工作，可以定期由第三方机构进行企业社会责任评估，对评估结果为优秀的企业给予适当的政策鼓励扶持；对于不合格的企业加强监控并定期督查。

4. 鼓励创业带动就业，出台扶持创业的优惠政策

党的十九大报告强调："提供全方位公共就业服务，促进高校毕业生等青年群体、农民工多渠道就业创业。破除妨碍劳动力、人才社会性流动的体制机制弊端，使人人都有通过辛勤劳动实现自身发展的机会。"在实施乡村振兴战略的大舞台上，必须实施高校毕业生就业促进与创业引领计划，尤其要鼓励、扶持大学生返乡创业，引领青年就业创业，提升劳动力素质、劳动参与率和劳动力市场的灵活性，推动区域内劳动力的发展，促进人才在行业与企业的自由流动。创业是劳动者以独立的方式兴办生产服务项目、企业或者从事个体经营的过程，是市场上获得就业的一种重要方式。劳动者通过创业不仅解决了自己的就业问题，还能吸纳和拉动更多劳动者就业，推动社会就业增长。推动创业、拉动就业有助于形成创业就业的倍增效应。当劳动者开始创业时，可采取合伙创业、组建公司的方式，拉动就业，培育更多的创业主体。扩大就业发展战略势在必行，通过推动创业、拉动就业，对就业工作进行激励，把扶持创业摆在更重要的地位。这是根据近年来我国就业工作实践和对我国就业形势综合分析而产生的。要提高对自主创业的扶持力度，落实自谋职业的方针，从而让更多劳动者变成创业者。还要完善以全体劳动者为服务对象的职业教育培训制度，加大农村富余劳动力转移就业培训力度，持续增强农村富余劳动力就业创业能力。这为切实扩大就业

指明了方向。必须坚持政府推动、社会支持、市场导向的原则和自主创业基本原理，加强创业服务与培训、完善创业环境、加快创业培训和创业服务以及政策支持“三位一体”机制等，扶持和激励更多城乡劳动者通过自主创业实现就业。

14.3.3 增加农村公共服务供给

持续将农村置于国家经济与社会发展的核心地位，加大对农村医疗卫生、教育、社会保障及其他关键资源的投资力度，旨在逐步构建一个覆盖全民、普惠共享且城乡深度融合的基本公共服务体系，进一步推动城乡基本公共服务均等化进程。

1. 优先推动农村教育高质量发展

优化农村教育资源配置，确保学生就近享有高质量教育机会，提升欠发达地区薄弱学校的办学标准，推动公立学校标准化建设。强化寄宿制学校体系，提升农村教育质量，并促进县域内教学资源的均衡配置。加大对农村学前教育的投入，确保每个乡镇至少拥有一所公立中心幼儿园，完善县乡两级学前教育服务网络。在少数民族地区，坚定不移地推进双语教育，同时加强国家通用语言文字教育。实施高中阶段教育普及与提升计划，并大力发展农村职业教育，调整职业院校布局，强化县级职教中心，开设符合乡村振兴需求的课程与职业路径。推动优质教育资源向农村薄弱地区辐射，加强城乡教师交流与轮岗，实施农村教师扶持计划，重点培养农村学校短缺学科教师与民族地区双语教师，确保农村教师补贴政策有效落实。同时，持续推进农村义务教育特岗计划，并利用“互联网+教育”模式，加强农村学校信息化基础设施建设，完善数字教育资源服务体系。

2. 深化健康乡村建设

强化国家基本公共卫生服务项目，完善补助机制，提供全生命周期、全方位的卫生管理服务。综合防控慢性病与地方病，重视农村心理健康、职业病及传染病防控。加强农村计划生育与妇幼健康服务，推广优生优育。完善基层医疗卫生服务体系，确保乡镇有卫生院、行政村有诊所，每个乡镇卫生院配备全科医生，支持中西部基层医疗机构发展及设备升级。加强农村医生队伍建设，推行分级诊疗制度，深化基层医疗卫生综合改革，提高家庭医生签约服务质量，提升居民健康素养，广泛开展健康教育活动。

3. 强化农村社会保障体系

遵循兜底线、织密网、建机制的原则，构建城乡一体、全民覆盖、权责清晰的社会保障体系。完善城乡居民基本养老保险制度，加快建立待遇确定与养老金调整机制。健全城乡居民基本医疗保险、大病保险制度，优化医疗救助体系，完善异地就医结算机制。加强低保制度城乡统筹与标准动态调整，完善特困人员救助供养体系。通过政府购买服务、设立基层岗位、引进专业人才与志愿者等方式，加强对农村留守儿童、困境儿童、妇女及老年人的关爱。将农村残疾人服务纳入社会保障体系，提供全面保障与支持。

4. 提升农村养老服务效能

构建多元化农村养老服务体系，结合居家养老、社区养老与机构养老，形成服务闭环。在乡镇中心建立医养结合型养老机构，加强基本公共服务、特困供养与互助养老等方面的工作，初步构建基本养老服务网络。强化农村卫生服务机构能力，为老年人提供全方位、高质量的医疗与保健服务，支持农村残疾人及失能老人养老服务设施建设，推进农村幸福家园建设与互助养老服务，完善农村留守老人关爱服务体系，鼓励村集体建设用地优先用于养老服务发展。

5. 加强农村防灾减灾救灾能力

坚持常态减灾与非常态救灾相结合的原则，全面提升农村应对各类灾害的能力。加强农村自然灾害监测预警，解决预警信息发布“最后一公里”问题。加大防灾减灾工程建设力度，实施农村危房改造。优化农村消防安全，加强公共消防设施与消防力量建设，完善消防安全管理，推动救灾物资储备体系建设。积极开展灾害应急预案编制、防灾减灾知识宣传与抗灾救灾演练工作，健全救灾政策与灾后重建机制，为美好乡村建设提供坚实的安全保障。

15 政策建议

15.1 打造民族地区特色产业集群

15.1.1 完善现有集群

1. 优化内部互动机制

产业集群是在特定历史条件下形成的，以两种形式为民族地区所有，一种形式是在计划经济时代，以大中型企业“内嵌”为主的产业集群，又因垂直管理产品出口，这些集群内大中型企业并未与地方经济形成紧密劳资关系，这样并不能拉动民族地区经济发展。另一种形式是20世纪八九十年代发展起来的，这类工业园区源于“园区热”，那时的园区都是从地理位置、税收政策出发，并没有从产业链和产业集群等产业格局出发去吸引投资。

健全民族地区原有的产业集群，扶持产业发展，需加强分工合作，深化产业联系，激发创新能力，缩减交易成本，提升集群生产效率，充分重视外部效应、协作效应。

当前，民族地区已形成的产业集群中，大型国有能源企业占据主导地位，但其僵化的机构体制与远辐射的产品特性，阻碍了与地方经济的互补合作网络的建立，降低了企业的生产效率和竞争力。因此，推动这些大中型企业的改造与分工整合至地方经济体制中，成为提升产业集群发展水平的关键路径。一方面，国有大中型企业应围绕核心技术，依托资源优势，持续进行技术改造与拓展，成为基础技术与关键创新领域的引领者。另一方面，政府应鼓励这些企业将一般零部件生产内部化，同时扶持配套机构外部化，通过建立专属于产业集群的网络，将非核心制造环节外包给中小企业，形成大、中、小企业协同的生产关系，以提升整体效益。当这些国有企业与地方经济形成紧密的生产联系时，将极大提升民族地区产业集群的核心竞争力，促进其快速发展。

对于低成本企业集群，如小型煤炭产业集群，以及钢铁集群等，它们以同类型企业为核心，在低端档次和中低技术初级产品加工中运作，企业间产量小、连锁关系不匹配，难以实现网络化发展。然而，通过完善这些产业集群，政府可推动其内部企业的规模扩张，实现规模经济，并引导企业向深度精炼与转化方向发展，延伸产业链与价值链，实现产业链纵向一体化。同时，鼓励新兴企业建立自主品牌，推动自主创新与发展，为产业集群注入新的活力。

2. 强化外部生存能力

为了激发民族地区特色产业集群的活力，亟须通过模式转型与优化升级，强化其内在动力。尽管在推进过程中，民族地区特色主导产业常面临成本攀升、产业分散、生态保护压力及绿色壁垒等多重挑战，且区域产业集群间往往存在孤立与排斥现象，长期阻碍其发展。因此，提升民族地区产业集群的外部适应力与竞争力变得尤为迫切，需通过持续地创新与完善机制，有效规避生存风险。为了进一步强化民族地区特色优势产业的内在生命力，在融入外部产业集群的过程中，加强知识交流与资源整合至关重要。通过积极吸纳外部先进技术，推动知识创新与技术迭代升级，能够在全球价值链的关键节点上实现更高效的价值捕获。利用全球价值链的组合策略，促进产业集群向价值链的两端延伸，不仅有助于保持行业集团的长期竞争优势，还能有效规避产业衰退的风险，这一战略显得尤为重要。此外，推广一种基于技术创新驱动的产业升级体系，鼓励集群从一条产业链向更高层次或新兴产业链跃迁，是实现持续发展的关键。正如中国台湾企业在晶体管无线电、计算机、电视到计算机显示器等领域的逐步升级转型，展示了产品迭代升级的成功路径。这样的实践，为民族地区产业集群的转型升级提供了宝贵的借鉴与启示。

15.1.2 强化龙头企业

强化并壮大主导企业对优化民族领域优势行业集群具有至关重要的作用。在产业集群中，龙头企业不仅是核心支撑，也是结构优化与升级的关键驱动力。然而，民族地区常受地域局限、体制僵化及人文市场封闭等因素制约，导致国有大中型企业长期占据垄断地位，而民营中小企业则因基础薄弱、发展滞后，难以充分释放其潜力，阻碍了区域经济的快速发展。为此，破除这些障碍，推动国有企业改革与民营中小企业发展，成为促进民族地区经济发展的当务之急。

1. 深化国企龙头企业的引领效应

鉴于民族地区产业结构的嵌入式特点，国有大中型企业数量众多，但往往存在自我封闭与市场垄断问题，限制了中小企业与本地产业的深度融合与发展。为促进民族地区经济的可持续发展，应加强国有企业与中小企业的合作，深化国有企业整合作用，推动体制机制改革。

一是强化国有企业牵引力。将民族地区资源型开采业转型升级为资源型加工企业，鼓励国有企业与地方实力雄厚的非国有企业联合，通过掌握价值链、技术链和供应链等关键要素，引领技术领先企业向战略革新与管理升级迈进，推动核心技术发展，拓展市场空间。同时，通过分离制造产业链环节，与地方中小企业形成配套流程，引导外出合作企业回归本土，促进以资源型加工业为核心的产业集群发展。

二是聚焦优势产业。在民族地区如贵铝、包钢稀土、云锡、云铜、西铝、攀钢等优势产业中，鼓励国有企业增加研发投资，提升开发实力，开发前景广阔的金属材料等产品，走差异化市场道路，提升下游行业附加值。这些龙头企业应承担起行业前沿的辐射、示范、信息扩散和网络销售等功能，提升西部冶金企业在下游产业中的话语权，吸引更多下游企业集团围绕形成集群发展新模式。

2. 培育民营龙头企业的成长壮大

近年来，民族地区部分民营小企业生产能力显著提升，通过产量和资本积累，形成独特优势，有望成为行业领军者。政府应充分认识民营企业的核心作用，推动企业合并、改组，培育具有强大核心竞争力的大企业和大企业集团。

一是推动企业内部经济活动。在产业集群尚未形成社会网络集中的阶段，大企业与地方经济发展紧密相连。政府应鼓励这类企业掌握关键技术，注重生产重要环节，开发配套生产工艺，吸纳中小企业，形成分工明确的产业模式，向完整产业链迈进。

二是构建战略联盟。根据技术要求和市场需求，整合产业链，构建核心企业与零部件企业之间的战略联盟，提升集团发展活力。通过技术创新、市场拓展和品牌塑造，推动民营企业成长为行业龙头，引领产业集群向更高层次发展。

15.1.3 园区优化升级

在经济发展的脉络中，工业园区和经济开发区作为不同层级与类型的实体，构成了民族地区经济的坚固基石，同时也是产业集群成长不可或缺的重要平台与催化剂。加速产业集群的形成，应考量多重因素，包括但不仅限于地域特色、园区布局、社会秩序、文化底蕴、科技实力、投资环境，以及政策导向、人才储备等，这些因素相互交织，影响深远，要综合权衡。尽管众多企业已在地理上形成集聚，但加强彼此间的协同合作，构建完善的产业生态链，对于提升整个区域的产业竞争力和发展水平至关重要。

值得注意的是，工业园区与产业集群的发展路径各有侧重。前者更多依赖外部资源的注入与支持，而后者则凭借自身的集聚效应实现自我驱动。因此，强化政策引导，促进产业集群的成形与壮大，成为提升工业园区效能的关键策略。这不仅能有效避免“集而不聚”的现象，还能赋予产业园区独特的品牌特色与核心竞争力。

民族地区工业发展的步伐相对滞后，主要归因于产业集群的缺失，企业间的随意聚集未能形成规模效应。地理位置与投资环境的劣势，使得民族地区主要通过土地流转、投资优惠等手段吸引外资。然而，在这种模式下，企业进驻园区后往往难以按照既定的行业规划进行有序集聚，导致政府只能采取随机招商的策略，难以实现企业有计划的集聚。

此外，民族地区长期形成的以重工业、国有企业、军工企业为主导的经济体系，以及民事与军事相分离的生产经营结构，限制了社会分工与交易的自由度，阻碍了中小企业的集聚。同时，计划经济观念的残留也制约了民族地区高新技术的发展。加之传统等级观念、保守文化的束缚，以及缺乏创新精神的集团文化，使得分工协作难以形成。

为推动民族地区产业集群工业园区与产业园区的均衡发展，应提升产业集群工业园区的结构优势，使其与市场竞争、产业升级相契合，并基于地区特色构建主导产业。为此，要转变发展思路，实现产业的集中布局，形成专业性产业区。一是各级政府在进行招商引资时，应注重统一规划与协调，以延伸产业链为目标，引入更多同类企业，提高集聚密度。同时，在规划大企业产业链时，应细分中小产业，深化研究，为园区企业在产业集群内创造更大的增值空间。二是政府要全面规划产业布局，以生产能力为基础，科学选址，避免随意布局。三是民族地区园区在吸引外资时，应注重强化外部资本与本地产业集群核心技术的融合，补全产业链关键环节，改善产业集群结构，推动外部企业与本土企业的整合。

15.1.4 承接东部产业转移

随着全球经济一体化进程的加速推进，中国经济正处于深刻的转型升级之中，东部地区的生产要素成本持续攀升。为了寻求经济利益的最大化，与东部产业密切相关的企业纷纷探寻最优开发区域。与此同时，民族地区的基础设施、科技水平、人力资源以及市场环境均得到了显著改善与丰富，逐渐具备了承接东部产业转移的条件。这一趋势促使产业由东部沿海地区向中西部内陆地区转移。2010 年发布的《国务院关于中西部地区承接产业转移的指导意见》明确指出，近年来，国家已批准设立了 10 个产业转移示范区，其中广西桂东、黄河金三角、重庆沿江、甘肃兰白经济区、宁夏银川—石嘴山示范区等民族地区占据了重要位置，这标志着民族地区承接产业转移已进入了一个规模扩大、层次提升的新阶段。

借助东部制造业转移的契机，民族地区应依托国家重点工程、重点事业以及国家级产业开发区的建设，致力于打造具有国际竞争力的先进制造基地，以期在全国沿海与内陆地区形成功能互补、优势互享的产业新格局。在承接和转移东部产业的过程中，西部地区与东部地区共建工业园区，实现东部产业集群工业园区的整体转移，是西部地区建设产业集群工业园区的重要途径。为此，西部地方政府与东部地方政府、各行业商会或协会需紧密配合，充分利用民族地区的土地、能源优势以及优惠政策，结合东部各省在技术、管理和资金上的优势，实现双方资源的优势互补，吸引中心产业及其配套产业全面落户西部园区。目前，多个园区已积极筹备相关事宜，如浙江与新疆已签署框架协议，计划在新疆设立的园区内建立“浙江工业园”；内蒙古也正与东部江浙两省进行积极谈判，争取在开发区内设立相关产业园，通过资源共享和政策互惠，实现共赢发展。

在承接产业转移的同时，民族地区还应不断完善市场体系，为商品和要素市场营造一个健康、有利的发展环境。这包括优化生产资料市场和生活资料市场，提升市场配套水平，并积极推进期货市场、现货市场、自由贸易区和免税区的建设。同时，加强物流基础设施建设，实现商流、物流、信息流和资金流的一体化，构建完备的物流体系。在此基础上，金融、证券、资本市场等也应持续改进，确保市场的公正、合理与有序。此外，还应积极推动中介技术服务市场和信息咨询市场的发展，开拓市场潜力，并不断提升自主创新能力，为民族地区的经济发展注入新的活力。

15.1.5 发展循环产业集群

高效利用循环经济资源，作为符合可持续发展理念的经济发展模式，旨在达成生态治理目标，是极具潜力的产业组织形式。它通常依托产业生态链，实现无污染生产和废弃物回收再利用，即上一个生产环节（企业）产生的废弃物，经转化成为下一个生产环节（企业）的原料。通过物质与能源的多阶段、阶梯式技术合作，减少向自然生态系统排放的废弃物，促使经济系统与自然生态系统和谐共生，实现减量化、资源化、再利用和无害化，这正是循环经济的核心特征。相较于传统直线型生产模式——即从资源消耗到产品制造直至废弃物产生的流程，循环经济模式通过物质的无限循环、转化与增值来驱动经济发展，采用可逆循环、多向转化、多级利用和无废物排放的经济模式。这种模式消除了自然资源的过度开发，力求实现污染物的零排放和无生态破坏，从而提升居民生活质量和经济增长质量。然而，在西部生态脆弱地区，由于技术、成本等因素的限制，循环经济效益较低，政府应增加补贴以促进其推广。针对此问题，可采取以下策略：

1. 传统产业集群的生态化补链升级

西部地区的传统产业，如能源、钢铁、化工、矿业等，多源于计划经济时代的“三线”建设，产业链有缺陷，上游产业废弃物未经处理便直接排放，造成严重污染。因此，建立下游生态产业链，整合各类产业链，实现资源最大化利用至关重要。上游企业应兼顾废弃物处理与环境问题，而下游企业则需有偿承接上游企业的污染物，既获取经济利益，又解决污染问题。此外，下游企业的资产专用性使其能够稳定获取上游企业的能量和副产品，并与上游企业保持良好关系。这种合作在技术上是可行的，通过收集和再利用废弃物，企业间形成互补机制，确保工业生态系统的连续性和稳定性，同时发展工业集群以最大限度地保护生态系统。

为推动西部传统产业集群的生态化发展，应以市场为导向，加强与大学、科研机构的合作，建立研发机构，打造创新体系。同时，注重生态学和循环经济的研发，确保研发产品能为传统产业集群提供所需服务。国家应扶持生态科技创新，民族地区企业应积极参与国家重大生态科技项目建设。政府应从技术、经费、人才等方面充分支持承担国家重大生态专项科技计划项目的企业，如云南铜业获得生态冶炼技术支持，攀钢与科研院所共建实验室等，实现传统产业集群环保化持续提升。

2. 原有循环经济体系的集群化引导

由于单一企业发展循环经济的动力不足且效益较差，若各企业大力发展循环经济，则可共享循环技术、环保设施等资源，相互供料，大幅降低循环经济的发展成本。因此，西部地区应构建循环产业集群，实现大规模产业规模经济，拓展企业数量。针对西部地区资源分布不集中、传统资源企业位置分散等问题，政府应起主导作用，对重点领域、重点项目进行合理规划与指导，发挥各自特色，积极引进循环企业。政府可通过政策优势与经济手段分析情报走向，如物质运动、能源运动等，给予土地优惠政策吸引同类型企业入驻，实现行业规模化发展；推出相关政策推动企业兼并重组，壮大企业规模；在技术上推出合理促进政策等，激励企业发展绿色生态研究，为循环型企业提供技术支撑。此外，若某种物质与能量无法被生态产业链同化，政府应考虑成本要素，在污水处理厂、固体废弃物处理厂等邻近区域建立再利用体系。

15.2 探究民族地区绿色发展机制

15.2.1 解决好三大矛盾

少数民族地区的经济社会发展，是中国全面建成小康社会不可或缺的重要组成部分。党的十九大强调了“靠山要养山、靠水要养水”的理念，倡导人与自然和谐共生，其核心在于绿色发展。在这一进程中，如何平衡政府与市场、价值与事实、发展与生态、科学与人文的关系，成为少数民族地区实现绿色发展的关键因素。

妥善处理政府与市场的关系，科学界定二者边界，是现代国家治理的重要课题。党的十八届三中全会明确指出，市场在资源配置中发挥决定性作用。在新时代背景下，西部少数民族地区的绿色发展，既要充分发挥市场在资源配置中的决定性作用，又要有效发挥政府的治理功能。二者关系的科学、合理、高效协调，直接关乎生态文明建设水平，是实现经济发展与生态环境保护相协调的关键。政府应加快职能和角色转变，从经济主义、人本主义依赖中解脱出来，回归治理主体与监督主体的本位，遵循生态环境发展与保护相统一的方针，既推动少数民族地区经济发展，又确保绿水青山永续利用。

价值判断与事实判断是事物发展过程中的两个重要方面，前者体现发展水平，后者反映实际状态。少数民族地区的绿色增长同样面临价值判断与事实判断的双重考验。一方面，作为祖国多元文化的宝库，少数民族地区的根本价值在于保护生态环境和合理利用自然资源；另一方面，以少数民族地区为指标的生态储量与生态流量，是衡量生态文明建设的标尺，也是实现绿色增长的现实基础。

少数民族地区的发展与生态系统之间存在着动态与静态平衡的统一关系。党的十九大报告指出，我国社会主要矛盾已转化为人民日益增长的美好生活需要和不平衡不充分的发展之间的矛盾。这种不平衡的发展促使我们坚持解放与发展生产力，坚持以人为本，增进生态文明民生福祉，摒弃资源能耗型增长模式，探索新型经济增长模式——绿色增长，实现可持续发展，走出一条环保与经济协调发展的新路。

虽然少数民族地区的经济在社会发展中占据一般地位，但对教育文化的需求却尤为迫切。由于地方经济、文化水平差异，人文科学教育亟待加强。少数民族地区的绿色发展，需要以科学与人文相辅相成作为软实力支撑，为绿色发展提供价值引领。实践证明，为了有效推动绿色发展，必须全面提升区域内少数民族的文学素养，促进地方科学文化的进步。科学与人文的深度融合，科学技术对生态保护形成的强大动力，以及人文素养对生态意识的提升作用，共同促进了生产力目标的实现，为绿色发展注入了新的活力。

15.2.2 利用好三种条件

“事必有法，然后可成。”绿色增长的本质，在于遵循自然界的客观规律，同时兼顾人类社会发展的需求，实现主观意愿与客观实际的和谐统一。少数民族地区凭借其自然与文化优势，为我国生态文明建设提供了有力支撑。为将这些优势融入绿色增长，塑造可持续发展的新常态，关键在于构建生态经济学体系，并确立与之相符的生态经济条件。

首先，从政治思想层面来看，践行绿色发展理念，实施民族区域自治制度，是发展中国特色生态文明的重要途径。绿色发展理念不仅与世界绿色发展趋势相契合，也深入贯彻了习近平生态文明思想，同时汲取了中国传统生态文化的精髓。它倡导依托生态科技，建立健全生态法制，旨在提升人民生活质量，保护生态系统，实现经济社会的协调可持续发展。民族区域自治制度，作为中国共产党将马克思主义民族理论与中国民族问题实际相结合的伟大创造，为解决中国民族问题提供了基本方针，也是中国的根本政治制度之一。在新时代背景下，这一制度为少数民族地区绿色发展提供了坚实的制度保障与行动指南。习近平总书记在党的十九大报告中强调，人与自然是生命共同体，这一理念为习近平新时代中国特色生态文明建设指明了方向，也为少数民族地区绿色发展奠定了理论基础与实践路径。

其次，从文化层面来看，维护现代主义文化与民族文化传统的融合性，尊重并传承少数民族地区的生态伦理观至关重要。现代主义文化基于人类对自然的开发与利用，而少数民族地区的生态文化则是一种传统意识形态，强调人与自然的和谐共生。例如，傣族的农业生产方式中蕴含的生态价值理念，便是人与自然和谐相处的生动体现。这种自然意识并非学者构建的哲学理论，而是傣族人民在长期农业生产实践中总结出的宝贵经验，为现代化生产方法提供了有益的参考与启示。

最后，经济增长主义与自然主义的契合，是少数民族地区绿色发展的关键。借助“一带一路”倡议，优化长江经济带的布局，是实现这一目标的有效途径。发展主义的本质在于将流程与绩效评估的核心归结为 GDP 增长，以经济效益和经济标准来衡量社会进步。然而，这种做法过度偏执，导致物化思维主导了全社会的政策导向、制度设计以及主流社会文化的身份塑造。相比之下，少数民族地区绿色发展更注重环境系统间的相互影响，追求人类发展与自然保护的动态平衡，力求在开发过程中最大化利用资源，同时将对自然环境的损耗降至最低。“一带一路”倡议作为我国经济新常态的重要组成部分，通过优化资源配置、发挥和平外交优势，为少数民族地区绿色发展提供了广阔的政策空间与增长机遇。而长江经济带的布局，则是新时期中国经济社会发展国际合作战略的重要一环，为少数民族地区绿色增长注入了新的活力与动力。

15.2.3 坚持民族地区绿色发展实现机制

马克思主义的生态文明观深刻阐述了人与人、人与自然和谐共生的理念，强调在生产生活中不应仅仅追求经济利益，而应致力于实现经济体系与生态系统的平衡，确保生态公正与公平。在这一科学理念的指引下，中国为实现全面建成小康社会的宏伟目标，提出了生态学战略理论，并催生了“绿色增长”的崭新理念。地方政府，尤其是少数民族地区，在应对经济转型的挑战中，扮演着至关重要的角色，积极引导并推动绿色发展。

由于民族地区经济发展相对滞后，其生态系统得以较好保持，未受严重破坏。民族地区应汲取“GDP 崇拜”导致生态失衡的深刻教训，坚持“开发不要忘记保护”的原则，铭记“绿水青山就是金山银山”的真理，通过产业转型升级，大力发展绿色产业，实现经济发展与生态保护的双赢。民族地区拥有得天独厚的自然风光和丰富的文化特色，应充分利用这一优势，积极发展生态旅游，打造集观光养生、生态旅游于一体的新型旅游模式。同时，借助旅游平台，拓展旅游产业链，大力发展第三产业，如绿色金融、绿色交通、绿色文化等，实现经济效益、社会效益和生态效益的和谐统一。在加快经济发展的过程中，民族地区应深入贯彻马克思主义生态文明观，尊重社会和经济发展的客观规律，兼顾地区经济发展与生态保护的关系，充分考虑民族地区的特殊性。应以资源节约、环境友好为核心，以“五型”新农村建设为主线，推进城乡一体化发展。

为维护经济发展中的生态平衡，民族地区政府应依据“十三五”发展规划，精心制定环保发展规划，推动传统产业转型升级，利用区域资源优势，大力发展绿色产业。对于禁止和限制开采的自然资源，应实行资源有偿使用制度，并对因提供生态产品而失去发展机遇的地区给予国家财政补助。政府应鼓励环保产业的研究开发和绿色技术革新，通过财政投入、减税优惠等政策手段，激励民族地区绿色产业的持续发展。同时，金融服务担保应为绿色产业和绿色事业的发展提供有力支撑，简化审批流程，降低融资成本。在大数据时代背景下，金融机构应利用云计算等现代信息技术，开展企业绿色评估，使绿色发展企业享受信用红利，而对环保信用较差的企业则限制其融资。习近平总书记强调，“对那些不顾生态环境盲目决策、造成严重后果的人”，将追究终身责任。作为民族地方政府，应以绿色发展为出发点，以绿色 GDP 指标为切入点，构建上级部门、社会组织和公众群体的三维监督体系，动态评估干部的绿色政绩。

此外，马克思主义生态文明观还强调了教育的功能，旨在培养受教育者在全球范围内，与所有生活相关的个体之间建立共生共荣的价值观。因此，民族地区应深入挖掘传统文化中的绿色元素，塑造促进地方绿色发展的教育价值体系，培养民众的绿色发展意识，共同推动民族地区的绿色发展进程。

15.3 落实民族地区乡风文明建设

15.3.1 改善农村生产、生活和文化环境

中国东部与中部地区面临着耕地资源日益缩减且人口密度高度集中的挑战，相比之下，民族地区以其广袤的耕地和相对稀疏的人口分布，成为当前农业发展潜力巨大的区域。然而，如何吸引并留住农民，成为新农业乡风文明建设亟待解决的关键问题。公众对于农田恢复与建设的持续关注，以及村庄功能维护、新型农村合作医疗、养老保险制度的推行等，均体现了对此问题的深刻认识与积极应对。尽管如此，在农村公

共文化基础设施建设方面，尤其是在利用民族文化资源、创建文化媒体平台、落实义务教育政策以及丰富农民日常文化生活等方面，投入力度尚有不足，导致农民的文化需求难以充分满足，这一现象在民族地区尤为突出。

依托农业公共文化，结合产品消费的整体效能及非排他性特征，政府在农业用地上供给公共文化产品显得尤为必要。具体而言，面临两大核心挑战：

一是资金筹集难题。随着改革开放40多年的深厚积累，我国经济蓬勃发展，物质条件显著提升，为民族地区增加文化投入提供了坚实基础。政府各级财政应加大对农村文化发展的支持力度，这不仅是国家责任的体现，也是其经济实力的彰显。

二是政策扶持的强化。除西部大开发、扶贫政策、少数民族边境贸易优惠等现有政策外，国家还应为民族地区农民提供更为全面的社会保障，如最低生活保障，同时鼓励民间企业、社会组织等多元力量的参与，共同推动农村文化产业的发展。此外，积极扶持民族文化，促进地区文化繁荣，是推进民族地区文明建设不可或缺的一环。通过这些措施，不仅能够丰富农民的精神文化生活，还能有效促进民族地区农业与文化的深度融合，为乡村振兴注入新的活力。

15.3.2　建立吸引人才的机制

在乡风文明建设中，人才资源是不可或缺的基石。为了有效吸引并凝聚各类人才投身乡村建设，必须精心设计与实施一系列针对性强、吸引力大的政策措施。首先，通过实施异地交流机制，积极引进外地优秀人才，并致力于优化他们的居住与工作环境，同时，为那些可能因工作调动而暂时离乡的人才保留户籍及各项福利待遇，以此消除其后顾之忧。

其次，着重激励优秀大学毕业生，尤其是来自民族地区的学子，在毕业后选择返乡就业。这一举措旨在提升农村基层干部队伍的文化素养，同时培育一批深谙民族地区风土人情、具备实战经验的本土人才。为此，可以邀请民族地区干部参与专门的人才教育培训项目，鼓励他们将所学所得应用于乡风文明建设的实践之中，或是通过挂职锻炼的方式，让他们在实践中学习、成长，积累宝贵经验。

此外，应充分发挥民族地区文化人才、民间艺人以及先富起来的农民精英的引领作用。通过搭建平台、提供机会，让这些能够在民族地区文化传承与创新上大展身手的人才，以及在经济上取得成功的农民精英，成为引领乡村文明建设的先锋力量，共同推动乡村文化的繁荣发展，构建具有鲜明地域特色和民族风情的文明乡村。

15.3.3 提高农民的思想道德素质

观念是行动的先导，对乡风文明建设重要性的深刻认识，直接关联着该领域项目建设的力度与成效。在全面建设小康社会的征程中，实现国家繁荣、民族复兴、人民幸福，以及乡村振兴的宏伟目标，要求我们不仅要关注城市发展，更要重视农村建设，弥补乡村在多方面的不足，确保城乡在经济、政治、文化、社会、生态等各个层面同步迈进。乡风文明作为文化建设的核心要素，其无形性往往使其容易被忽视，成为发展的短板，尤其是在生态文明理念提出后，精神文明建设若未能及时跟进，差距便越发明显。因此，我们必须像重视物质文明与生态文明建设一样，将乡风文明建设落到实处，不可偏废。

在推进乡村文明建设的过程中，“生产发展，生活宽裕”是核心目标。针对民族地区农民技能不足与支付能力有限的问题，“技能培训+思想道德教育”的培训模式尤为适宜。百色市的农家课堂培训项目便是这一模式的成功实践。该项目通过村民推选、村委会把关、政府审批的流程，选拔出思想品质优良、遵纪守法、勤俭持家、邻里和睦的贫困农户作为培训对象。培训工作由县党委统一领导，县人民政府选派技术指导人员，为培训户提供面对面、手把手的教学服务。培训地点设在田间地头、生产基地，内容涵盖党的基本理论、政策法规、市场经济知识、农村实用技术、新农村建设知识、就业技能以及公共卫生与疾病预防等，实现了教育与生产实践的紧密结合。

基于产业特性和农民的实际需求，农家课堂还采用了菜单式教学方式，将服务乡风文明建设与教育技术深度融合，既提升了农民的思想觉悟，又拓宽了他们的视野，激发了他们的创造力，有力地推动了乡村良好风气的形成与发展。

15.3.4 加速移风易俗

文化以其独特的凝聚、融合与同化特性，以及调节社会集体行为与心理的功能，在乡风文明建设中扮演着无可替代的角色。每个民族均从自身丰富的民族文化中汲取道德养分，维系人际与代际间的和谐沟通。在民族地区推进新农村乡风文明建设，应当深深植根丰厚的民族传统文化土壤。例如，百色市通过举办布洛陀生日庆典、“三月三”等重要节日活动，融入对歌、抢花炮、抛绣球、板鞋舞及木偶戏等丰富多彩的文体，不仅颂扬了诚实勤劳、团结进取的美德，还鞭挞了不良行为，成效显著。

乡风文明建设应将弘扬大家庭美德与倡导文明新风紧密结合。百色市借打造“右江数百里文明河谷”的契机，组织农民开展“和谐家庭”“文明家庭”“五好家庭”等创建活动，弘扬尊老爱幼、家庭和睦、邻里团结、遵纪守法、遵守公德等优良传统，以文明理念抵制不良风气，将民族优秀传统文化与现代文明、社会主义先进文化有机融合。这些活动集评价、教育、引导于一体，寓约束于激励之中，激发了群众的荣誉感，形成了自我教育、自我管理、自我提高的良性循环，对文明乡风的培育发挥了重要作用，其经验在中宣部、中央文明办、文化部举办的“百县千乡宣传文化工程”研讨会和现场会上得到了广泛推广。

乡村治理是实现乡村振兴战略的关键，必须充分尊重农民在乡村治理中的主体地位，发挥村民自治这一农民直接参与乡村治理的重要平台作用，激发乡村振兴的内生动力。要按照自我管理、自我教育、自我服务的要求，重视农民的话语权，开展丰富多彩的群众文化活动，营造文明和谐的社会风尚。各级地方政府在推动农村社会结构与文化发展的过程中，应坚持社会主义先进文化的引领，以社会主义主流意识形态、价值观与思想道德为指引，摒弃封建迷信，倡导健康有益的文化活动，如体育锻炼、旅游等，促进先进文化的繁荣发展。同时，充分利用春节、清明节、端午节等传统节日，举办体育竞赛、文化休闲、民间祭祀、文艺表演、农民特色运动、劳动技能比赛等活动，让农民在参与中感受传统文化的魅力，丰富农民的精神文化生活。此外，要树立健康向上的风俗习惯，成立红白理事会并制定章程，倡导喜事新办、丧事简办，奖励积极践行社会主义核心价值体系的农民，编纂推广孝道、邻里团结等科学教科书，引导并推动乡风文明建设不断向前发展。

15.3.5 营造良好的法治环境

要灵活运用法律工具，规范农民的精神文化生活与日常习惯，引导农户树立科学、健康、文明的消费观念。通过加大执法力度，严厉打击农村赌博、毒品等违法犯罪活动，惩治封建迷信行为，同时扶持健康文化的繁荣发展。国家应加大对见义勇为行为的表彰力度，谴责并制止扰乱公共秩序的行为，营造崇德向善的社会氛围。此外，应不断修订和完善相关规则，历史上，乡规民约作为基层社会的行为规范，有效解决了诸多法律难以触及的问题，对乡风建设起到了积极作用。当前，各地应以民族传统道德为根基，结合《公民道德建设实施纲要》及法律精神，对乡规民约在计划生育、家族观念、道德观念等方面进行革新，以更好地促进新农村在乡风文明建设中的积极作用。

国家已出台一系列法律法规，旨在与民族地区文化市场特点相契合，并与地方性文化法规相协调，确保农村文化市场的有序发展。政府文化部门应精心规划农村文化建设，严格审核业务应用，规范证明文件发行流程，清除腐败与不良文化生产经营主体。在强化监督方面，除充分发挥政府的监督职能外，还应动员社会、媒体等多方力量，加强舆论监督，设立举报热线，落实举报奖励制度。同时，加强文化市场管理的法律宣传教育，提升农民的法律意识，为乡风文明建设工程的科学化、规范化、法治化进程奠定坚实基础，切实保护乡风文明建设成果。

针对农村传统文化的多样性，应采取多元化的保护措施，特别是要活态保护民族民间艺术与优秀风俗，有效传承与发展民间艺术活动。为汲取经验，应结合本地实际，创新乡风文明建设项目实施方法，确保项目有效开展。

15.3.6 打造有效的领导班子

新农村乡风文明建设任务艰巨、挑战重重，亟须一个强有力的领导机构来全面规划与统筹推进。在此过程中，各级党委和政府的组织领导起着至关重要的作用。为了高效推进新农村乡风文明建设，各级党委和政府应强化领导责任，明确相关部门职责，促进跨部门合作，为这一宏伟目标提供坚实的组织保障。

第一，建立健全基层党委和村级党组织的领导体系，确保乡风文明建设工作的有序开展。同时，需设定年度考核目标，将新农村乡风文明建设的重视程度、实施效果以及农村干部的工作实绩作为奖惩的重要依据，以此激励各级干部积极参与并推动乡风文明建设。此外，应探索保持党的创新活力的有效策略，加强农村基层组织建设，使其在引领新农村风尚文明方面发挥核心作用。

第二，在基层党委的统一部署下，各类群众组织应紧密合作，创新活动形式，丰富活动内容，确保新农村乡风文明建设元素深度融入其中。同时，应充分挖掘并利用大学生村干部的独特优势。鉴于大学生普遍具备较高的文化素养，可选拔他们担任基层农村乡风文明建设专员，并通过系统的教育培训，提升其理论水平、政策理解及执行能力，从而增强乡风文明建设的实效性，更好地服务于广大农民群众。

综上所述，通过构建完善的领导体系、设定明确的考核目标、加强基层组织建设、创新群众活动形式以及充分发挥大学生村干部的作用，我们将能够有力推动新农村乡风文明建设的深入发展，为乡村振兴战略的实施奠定坚实的文化基础。

15.4 加快民族地区乡村治理转型

15.4.1 处理好乡村治理的四大关系

1. 平衡民族地区正式化构建与非正式化传承的关系

在民族地区，农地管理制度资源多以非正式制度形式存在，面临着乡村振兴背景下现代价值体系、基层权威及生活方式的冲击。一方面，传统乡村治理制度在继承与约束力上显露出局限性；另一方面，正式制度凭借其成文性、规范性及强制性等优势，成为引入的重要方向。然而，这并非意味着要彻底摒弃非正式特征，而是要在保留的基础上加以强化与发展。哈耶克与诺思的行为论视角揭示了制度演进的内在逻辑，即自主自发的制度变化与政府建构的体制演变并存。因此，正式化构建与非正式特征并非对立，而是相互依存。在民族地区，应正式化构建传统乡村治理制度，并利用制度资源推动文化工作。鉴于部分民族地区虽有语言无文字，政府应设立专职小组，以汉字记载优秀制度资源，同时保持其自发、自主制定制度的特性。这要求民间组织的发展及人民大众的参与，既要保持原有权力组织，由政府引导非正式传承，又要改造潜在人力资源，唤醒女性传承意识，建立老年人和妇女组织，投入实践。

2. 协调制度核心功能保持与功能拓展的关系

在民族区域的现行农地管理制度中，协调关系、规范行为、推进协作及维护秩序扮演着举足轻重的角色。千百年来，人与人之间的互助合作确保了农田的和谐与平衡，而推动少数民族地区农地管理制度的现代化，则是乡村振兴背景下的必然选择。然而，面对现代化的挑战，现有的农地管理系统亟须主动探索并拓展其新职能。一是积极强化制度在社会融合中的行为规范作用。依托传统小农生产方式，借助宗族血缘的纽带，传统农地管理制度在社会整合中发挥了关键作用，有效规范了人们的行为，维护了传统秩序。在新时代的乡村振兴之路上，面对多元化的价值观和生活方式，结合社会主义新农村的建设目标，应充分利用传统制度的社会整合功能，推动乡村振兴的实现。二是积极拓展制度的社会功能。在中国传统文化的熏陶下，民族地区的传统村落管理制度多基于集体主义，强化了个体对整体的贡献。为实现乡村振兴的“产业兴旺、生态宜居、乡风文明、治理有效、生活富裕”目标，需要村民积极、高效地参与。现有的乡村管理系统为村民提供了参与的平台和机会，不仅提升了居民的参与意识，还有助于其能力的发展。三是主动拓展制度的社会管理功能。在乡村振兴的大背景下，传统乡村管理制度在国家乡村治理体系中拥有独立的权力，具备公共性、民间性和独立性等特点，可作为建设性伙伴，对乡村自治组织、村党组织进行有效监督与制约，共同推动乡村治理体系的完善与发展。

3. 融合传统治理制度与现代乡村治理正式制度

传统管理制度，作为前人在长期社会实践中的智慧结晶，是自下而上逐步形成的、被社会广泛接受的行为准则。它既包括明文规定的部分，也蕴含于那些未成文但深入人心的行为规范之中，对于解决过往管理难题具有重要意义。而现代农地经营的正式制度，则是各国基于基层实际需求，自上而下制定的成文法规，涵盖村民自治制度、基层党组织工作制度等，这些制度不仅构成了乡村治理的正式框架，还以国家强制力为后盾，展现出强制性和普遍性的特征。在民族地区的乡村治理实践中，传统制度与现代制度并非相互排斥，而是相辅相成、相得益彰。因此，必须妥善处理两者之间的关系，避免厚此薄彼。具体而言，在处理涉及社会政治基本方向、法律框架等根本性问题时，应依靠现代正式制度的强制力来确保秩序与稳定，这是非正式制度所难以替代的。

4. 结合传统制度传承方式与现代传承手段

制度的继承是迈向制度现代化的基石与前提，它既可以通过传统方式传承，也能借助现代手段实现。传统体制，如口耳相传、师徒传授等，作为传承制度资源的主要渠道，虽然蕴含深厚的历史底蕴，但往往受限于传播范围和影响力，可能导致传承人的稀缺及传承魅力的减弱。优秀的代际传承制度难以仅凭既有方法广泛传播，在社会现代化加速、生产力飞跃的今天，这一挑战尤为显著。然而，变革也孕育着新的机遇。一方面，充分利用互联网这一强大平台，拓宽制度资源的传播渠道，提升传播效率与覆盖面。借助新媒体的力量，创新制度传播方式，通过整合系统资源，打造具有广泛影响力的文化品牌，增强制度资源的吸引力和认同感。另一方面，现代数字视频技术为我们提供了记录和保存制度资源开发过程的宝贵手段。通过拍摄纪录片，不仅能够确保制度资源的长期保存，便于后人学习和研究，还能以直观、生动的方式展现制度的历史沿革和文化内涵，进一步促进制度的传承与发展。

15.4.2 创新社会治理体系

持续推动社会治理主体的多元化发展，赋予社会治理新的活力，以治理体系的多样化作为改革的突破口，不断深化社会建设，弥补国家治理体系中的短板。

在民族地区，应着重加强农业基层建设，推动农业管理的民主化进程。首先，民族地区村级组织建设得到不断加强，党支部成功摆脱了行政色彩的桎梏，将社会、行政、经济事务回归基层，提升了村民委员会的自治能力，并促使其向社会管理核心指导角色转变。其次，指导和规范农村自治组织的建设，提高组织化程度，引导和鼓励农民组织积极参与农村社区的建设和治理。最后，为了推动居民意愿、村务及其他相关制度的建立健全，应强化居民议事制度，发挥民主的作用，确保村民委员会能够准确把握各族群众的需求，积极为地方政府建言献策，提高政策执行的有效性和群众满意度。对于村委管理事务、居民利益事项以及广受关注的村级问题，应坚持及时公开，并自觉接受居民的监督和质询。

同时，夯实社会组织建设，激发社会自治在社会治理结构中的新活力。通过增强社会自治的参与度和能力，推动政府与社会团体的政社分离，提升社会组织的独立性和自律性。加强社会组织的法治化建设，完善相关规定，为社会组织参与社会治理提供坚实的法律保障，营造一个良好的发展环境。

此外，还应积极拓宽市民参与社会治理的渠道，努力提升公众对社会治理的满意度。在民族地区，进一步推广听证会制度，通过政府和公众之间的沟通渠道，加强民族社会新闻媒体对社会治理的监督作用，利用媒体对民族地区人民进行深度报道，选取公众关注的内容，解决新闻舆论监督中存在的问题，从而进一步提升社会公众的满意度。

15.4.3 加强农村基层党组织建设

在民族地区培育和谐社会秩序与文明精神，核心在于强化基层党组织建设，使之成为有效政策与决策落地的坚强后盾。基层党组织作为战斗堡垒，需充分发挥其引领作用，选拔优秀带头人，引领农民步入小康生活。鉴于民族地区多位于山地、高原、沙漠等自然条件艰苦之地，且面临着多民族、多宗教共融的复杂社会环境，引导农民脱贫致富奔小康，不仅要求具备脱贫致富的真才实学，还需拥有强烈的改革创新意识，以及一批能办实事、以志愿服务精神为己任的领导者。实现乡村社会的和谐稳定，既需要领导者具备致富能力，也离不开其卓越的管理与组织协调能力。

从现代化进程视角审视，民族地区农村应持续优化基础设施与公共服务，解决青壮年及精英人才外流问题，国家应改进激励机制，尤其是加强对人才的人文关怀。为缓解人才流失，应优化资源配置，建立健全传统民间组织与管理体系，如设立社会新农业管理事务所等乡村办事机构。在乡村治理中，法治的关键在于约束调节公共权力，消除不作为、乱作为现象，通过法律手段有效化解社会矛盾，推动社会治安综合管理。同时，构建村治合理化下的有效表达机制，在不违背法律精神的前提下，积极利用少数民族习惯法等传统资源，促进民族地区乡村秩序的稳定。

此外，乡村治理法治化还需培育农民的法治意识，引导其通过制度化途径理性表达诉求，依法保护自身权益，而非采取非理性方式。这要求我们在推进法治的同时，注重农民法治素养的提升，确保乡村治理在法治轨道上稳健前行。

15.4.4 健全法治与德治相结合的乡村治理体系

整合乡村原有经营资源，并持续提升乡村文明水平，既需法治之力，亦不可或缺道德之基。唯有二者相辅相成，方能共铸辉煌，确保乡村社会公序良俗的确立，维系其和谐稳定，营造依法治理与道德风尚并重的良好环境。

面对市场经济的冲击，少数民族传统社会规范渐趋式微，在此背景下，伦理道德建设显得尤为迫切。它不仅是文明乡村建设的内在要求，也是人民群众追求美好生活的精神寄托。随着农民物质生活条件的日益改善，他们对精神生活的需求也随之提升，对伦理道德的内在呼唤越发强烈。在市场经济蓬勃发展的今天，伦理道德的力量更源自人心的觉醒。人类社会在发展过程中，始终受到市场力量与伦理道德的双重牵引。在现代化初期，激发市场活力、追求效率与财富增长，往往需要突破传统束缚。然而，在现代化深入发展阶段，实现人的全面发展与美好生活的向往，则需伦理道德的滋养与支撑。正如中国现代化理论之父罗荣渠所指出的，“历史的正反经验表明，反传统在现代化的启动阶段是完全必要的，不如此就不可能大胆革新开辟道路”，但若要在现代化进程中持续前行，应将伦理道德秩序与法治秩序相结合，实现法治与德治的有机融合。

因此，我们应站在新的高度，以乡村振兴为契机，深切关怀农民的生活与伦理道德需求，不断向前推进。从伦理道德教育的角度出发，依托现代国民教育体系与新闻媒体的力量，广泛传播社会主义核心价值观与中华民族传统美德，营造积极向上、文明和谐的乡风。同时，在民族地区的具体政治环境中，深入挖掘乡村传统智慧资源中的人文精神与道德规范，充分利用少数民族优秀传统文化，培育并弘扬社会主义核心价值观，让乡村社会在法治与德治的双重滋养下，焕发新的生机与活力。

15.5 实现民族地区生活共同富裕

15.5.1 加大民生保障力度

1. 强化民族地区弱势群体生存保障体系

遵循“兜底线、织密网、建机制”的原则，全面优化并提升民族地区社会保障制度，确保保障水平持续提高，管理结构更加规范，实现精准高效的救助，构建“弱有所扶”的综合性救助机制。一是精准识别救助对象，覆盖低保户、特困人员、残疾人、孤儿及贫困老年人等贫困群体，明确救助范围，特别关注“贫苦农民”家庭，实施分类与生活救助相结合的策略，强化动态管理机制，确保各类专业救助制度独立运作又相互补充。二是建立科学合理的保障标准动态增长机制，根据经济社会发展及生活成本变动适时调整救助标准，针对大病患者增设补助，确保救助力度与经济进步同步。三是确保民族地区社会救助与脱贫攻坚政策无缝对接，助力农村低保户脱贫，对符合精准扶贫条件的低保家庭采取针对性措施，兼顾民族地区支出型家庭的最低生活保障，特别是强化低保家庭、残疾人及贫困老年人的安全网，加快构建民族地区农村贫困人口快速响应保障机制，分类施策、兜底保障，确保各项制度有效实施。

2. 加速构建“弱有所扶”全方位保障体系

加速搭建适应民族地区贫困家庭需求的社会保障框架，尤其加大医疗、养老、残疾救助等领域的保障力度。在医疗保障方面，完善包括医疗保险、医疗救助、大病保险在内的多层次保障体系，推动民族地区新农合制度改革，实施大病保险制度，确保农村医保政策稳步上升为基本报销政策，对低收入群体由政府代缴医保费用，激励参与大病保险。同时，强化农村养老保险体系，实现新型农村社会养老保险全覆盖，提高老年贫困人口养老金水平，建立养老金动态调整机制，让老年人共享社会发展成果。针对民族地区特殊困难家庭及贫困残疾人，加大救助力度，扩大认定与申领范围，解决康复、就业、教育等关键问题，利用政府补贴提升救助水平，确保残疾儿童教育无忧，提供技术培训与文体活动，促进残疾人社会融入。

3. 促进弱势群体社会参与与自我发展

推动老人、妇女、儿童、残疾人等弱势群体积极参与社会活动，实现民族地区弱势群体与社会系统的良性互动，充分发挥市场与社会力量的作用。面对空间、制度、能力等多维度贫困挑战，构建以社会组织为主导的多元化支持体系，增强弱势群体抵御贫困风险的能力，打造预防性与开发性并重、发展扶持型保障体系。通过吸纳企业、民间组织、志愿团体等多元主体参与，促进政府、市场、社会、农村等多方联动，为贫困人口提供更多参与社会、经济、政治生活的机会，营造关爱弱势群体的社会氛围，提供教育培训，消除歧视与隔阂。同时，注重人力资源开发，加强对贫困人口的劳动技能培训，激发其脱贫内生动力，通过教育投资、民族特色职业教育、职业培训基金等方式，确保每个贫困家庭至少有一名劳动力接受技能培训，增加公共服务投入，为贫困农户提供资金、市场、技术支持。改革社会救助制度，推动从单一现金救助向多元化帮扶转变，涵盖物质保障、生活支持、心理关怀、能力提升、社会融入等多方面，特别关注就业、教育、医疗救助，全面提升弱势群体健康素质，最大化发挥社会救助的综合效能。

15.5.2 协同推进乡村振兴五大路径

1. 协同推进资源开发与生态环保，助力乡村振兴

资源开发，即通过规划与劳动将资源转化为实际利用价值，是地区经济社会发展的重要驱动力。我国民族地区资源丰富而生态环境脆弱，合理开发地区资源，将潜在财富转化为实际财富，对振兴农村经济至关重要。在此过程中，必须高度重视生态保护，避免资源开发对环境的破坏。在生态文明建设的大背景下，应实现资源开发与生态保护的协同推进，为乡村振兴与生态文明建设提供坚实支撑。

第一，资源开发与环境保护的关系。在乡村振兴战略的背景下，两者虽存在矛盾，但也相辅相成，共同服务于民族地区的经济社会发展、民众福祉提升以及乡村振兴大局。在平衡这两者时，应关注三个方面：一是费用合理确定。资源开发与环境保护的成本应经过科学严谨的计算。对于环境开发成本高昂的资源，其开发决策应谨慎考量，确保既符合经济效益，又不超出环境承载力，以便于实施与执行。二是保护与发

展并重。应坚持保护与发展同步推进的策略，避免“先污染后治理”的老路。这种平衡策略是实现可持续发展的基石，确保民族地区在经济增长的同时，生态环境也能得到有效维护。三是环境损害即时修复。资源开发过程中对环境造成的任何损害，都应迅速采取措施进行修复，并将修复费用纳入开发成本预算中。这一做法不仅体现了对环境责任的承担，也为后续的环境恢复工作提供了资金保障。

第二，开发自然资源与历史文化资源。在探讨开发自然资源与历史文化资源时，我们可以将其视为推动少数民族地区发展的双轮驱动。我国众多少数民族地区不仅坐拥丰富的自然资源，还蕴藏着深厚的历史文化资源，如独特的民族文化、传统手工艺等，为历史文化资源的开发利用提供了肥沃土壤。相较于自然资源开发，历史文化资源的开发往往对环境的影响较小。因此，从环境保护的角度出发，结合自然资源与历史文化资源的开发，是促进少数民族地区可持续发展的有效途径。在此过程中，应关注三个方面：一是深化历史文化挖掘与融合。应深入挖掘地域及学校的历史文化底蕴，并将其与新时代的发展理念相融合，为自然资源注入文化内涵，提升历史文化资源的开发效益和吸引力。这不仅有助于保护和传承民族文化遗产，还能增强资源的综合价值。二是整合开发模式，减少环境影响。通过巧妙结合自然资源与历史文化资源的开发，可以实现资源的优化配置，避免不必要的重复建设或二次开发，从而有效减少开发过程中的环境负担和成本。这种综合性的开发策略有助于构建更加和谐的人与自然关系。三是培育特色产业，助力乡村振兴。合理且可持续地开发利用自然资源与历史文化资源，应着眼于培育具有区域特色的产业和优势产业。这不仅能为当地创造经济收益，还能为乡村振兴提供坚实的产业支撑，促进经济多元化发展，提高居民生活水平。

第三，多组织资源开发，建设美丽村庄。党的十九大报告指出：

"发展是解决我国一切问题的基础和关键，发展必须是科学发展，必须坚定不移贯彻创新、协调、绿色、开放、共享的发展理念。"坚持新发展理念，特别是绿色发展理念，对于民族地区实施乡村振兴战略至关重要。将资源开发与美丽乡村建设紧密结合，是推动生态文明建设与乡村振兴双赢的关键路径。在此进程中，应关注三个方面：一是整体规划，协同推进。资源开发与乡村振兴战略应纳入统一的整体规划框架内，确保两者在目标、路径和时序上的高度协同。以打造整洁宜居、生态文明的乡村环境为基础，通过科学规划，实现资源开发与乡村美化、生态保护的有机结合，促进乡村面貌的全面提升。二是收益共享，助力建设。资源开发带来的经济收益应合理分配，确保一定比例的资金用于支持美丽乡村建设，为乡村基础设施改善、生态环境治理和公共服务提升提供坚实的资金保障。通过资金援助，加速乡村的现代化进程，让村民共享资源开发的红利。三是优化布局，协调发展。在美丽乡村建设中，应注重资源发展空间布局的优化，确保资源开发与乡村发展的空间布局相协调，避免无序开发和资源浪费。通过科学合理的空间规划，促进资源的高效利用和乡村的可持续发展，形成资源开发与美丽乡村建设相互促进的良性循环。

2. 协同推进生态保护与产业发展，实现绿色繁荣

产业繁荣与生态宜居是新时期乡村振兴的两大核心目标，它们相辅相成，共同引领着乡村的全面振兴。产业繁荣侧重通过培育和推动产业发展，为乡村振兴提供坚实的产业支撑；而生态宜居则强调在乡村振兴中注重生态环境保护，以满足人民对美好生活的向往，提升民众的幸福感。在推进乡村振兴的过程中，产业发展占据重要地位，而生态保护与产业发展应相互协调，共同进步。在此背景下，应重点关注三个关键问题：一是绿色发展理念引领农业现代化。乡村振兴的基石在于产业发展，而农业作为产业发展的重点，其现代化进程对于确保国家粮食安全

至关重要。随着农业生产的发展，融入绿色发展理念，推动生态农业的和谐发展，不仅有助于提升农业生产效率，还能保护生态环境，实现农业的可持续发展。二是民族地区工业发展与生态保护并重。生态环境是人类生存和发展的基础，坚持“绿水青山就是金山银山”的理念，对于促进民族地区工业发展具有重要意义。在推动工业发展的同时，要注重环境保护和资源节约，促进环保产业与生态环境保护协调发展，形成良性循环，实现经济、社会与环境的可持续发展。三是生态环境保护与产业发展深度融合。民族地区生态环境保护与产业发展之间既存在矛盾，又有一致性。为了实现生态环境的保护，应将产业发展和乡村振兴的规划与发展统一起来，形成协调发展的格局。在产业发展过程中，要强化生态环境保护意识，构建良好的生态环境来支持农村产业的发展。通过将生态环境保护与产业发展相结合，以产业发展为基础，以生态环境保护为前提，协调谋划，共同推动两者的健康发展。

3. 加强基础设施建设，为乡村振兴提供坚实保障

党的十九大报告明确提出的乡村振兴发展总体要求，即“产业兴旺、生态宜居、乡风文明、治理有效、生活宽裕”，为乡村的全面振兴指明了方向。然而，我国少数民族地区多位于自然环境较为恶劣的地域，基础设施条件相对薄弱，这在一定程度上制约了资源的有效开发和利用，成为制约民族地区经济发展和对外开放的关键因素。基础设施的滞后不仅阻碍了民族地区丰富的资源优势向经济优势的快速转化，还加剧了经济发展中的瓶颈效应，使得民族地区的社会经济发展相对滞后，生活条件改善缓慢。长期的基础设施落后不仅累积了诸多发展难题，还进一步制约了民族地区的经济活力和生活品质的提升。因此，加快民族地区基础设施建设，是推动民族地区经济发展、实现资源开发与环境保护并行的迫切需求。通过加强基础设施建设，可以突破发展瓶颈，促进资源的合理开发和高效利用，同时注重生态环境的保护，实现经济发展

与生态文明的和谐共生。这不仅有助于提升民族地区的经济实力，还能改善民众的生活条件，为乡村振兴提供坚实的物质基础。

4. 协同推进共同富裕与精准扶贫，迈向全面振兴

实现共同富裕作为社会主义的本质追求和人民群众的深切期盼，乡村振兴无疑是其必由之路。在巩固拓展脱贫攻坚成果的基础上，乡村振兴应采取更为有力的措施，凝聚更广泛的力量，以加速农业农村现代化进程。特别是在少数民族地区，面对依然存在的贫困问题，党和政府已实施精准扶贫政策，旨在助力贫困人口摆脱困境，促进全民共同富裕。在实施乡村振兴战略时，少数民族地区应将共同富裕的要求与精准扶贫紧密结合，通过具体实践推动两者的相互协同。应重点关注三个方面：一是以少数民族共同富裕为价值导向实施乡村振兴战略。乡村振兴战略是解决城乡发展失衡的关键，也是实现全体人民共同富裕的重要途径。从党的十九大首次提出乡村振兴战略，到党的二十大明确强调全面推进，标志着乡村振兴已迈入新阶段。将共同富裕的本质要求融入乡村振兴的决策部署，两者相互促进，共同推进。乡村振兴不仅有助于缩小民族地区经济差距，解决开发不足问题，还能为农民农村实现共同富裕提供坚实的物质基础。同时，乡村振兴战略与农村生态文明建设相辅相成，共同推动农村全面发展。二是发挥富裕阶层的示范引领作用，逐步实现共同富裕。在少数民族地区，部分群众在党的政策指引下，通过自身努力已走上富裕之路。在乡村振兴战略实施过程中，应树立这些富裕阶层的典范，激励贫困阶层和低收入阶层，通过榜样力量逐步迈向共同富裕。然而，富裕阶层的财富只能起辅助作用，关键在于各级党委和政府的支持和帮助。三是实施精准扶贫，破解贫困人口的困境，推动共同富裕目标的实现。少数民族地区贫困人口贫困的原因多样，包括丧失劳动能力、疾病、自然灾害以及自然条件恶劣等。因此，救助工作必须针对贫困成因，采取精准措施。只有实施恰当的贫困援助，才能有效解决

贫困问题，推动乡村振兴，最终实现共同富裕。

5. 协同推进农村治理能力建设与人力资源开发，激发乡村活力

落实乡村振兴战略，关键在于强化乡村治理能力，尤其在民族地区，应协同推进乡村自治能力建设与人力资源开发。针对民族地区人力资源开发不足的问题，应加大重视力度，构建完善的农村人才培养和培训体系，落实相关政策，优化农村发展环境，激发农民参与乡村振兴的积极性。人力资源开发与乡村振兴的协同推进，是农村地区取得更佳发展成果、助力美丽乡村建设的关键。

首先，提升少数民族地区乡村治理能力至关重要。鉴于乡村治理能力相对薄弱，应建立健全自治、法治、德治相结合的乡村治理体系，以应对农村发展面临的诸多挑战。特别是要加强村社管理人员的培训，提升其管理能力，作为实施乡村振兴战略的重要抓手。

其次，人力资源开发应纳入乡村振兴战略总体规划。农村人力资源对于支撑农村经济发展、推动农村现代化具有不可替代的作用。针对民族地区人力资源质量不高、分布不均等问题，应采取针对性措施。一是加强职业教育，提升人口综合素质，解决贫困代际传递问题。二是优化人力资源结构，针对民族地区传统人才多、高新技术人才少的现状，结合地方产业特点，加强实用性技术培训，为产业发展输送技术型人才。三是解决人力资源闲置问题，通过劳务派遣等方式，既缓解劳动力过剩，又提升劳务人员技能。

乡村振兴与农村治理之间存在紧密互动关系。乡村振兴的顺利实施依赖于良好的农村治理，而农村治理的提升也需乡村振兴的支撑。二者相辅相成，共同推动农村地区的可持续发展和现代化。为此，政府应加强引导和推动，提高农民的创新意识和参与意识，加强农村基层组织建设。特别是农村人才队伍的培养和建设，是支撑乡村振兴的根本，对于推动农村发展、实现乡村全面振兴具有关键作用。在实施乡村振兴战略

过程中，应深入剖析乡村人才振兴的现实问题，挖掘农村人才资源潜力，充分发挥其在“三农”全面振兴中的核心作用，推动农村产业发展，繁荣乡村文化，提升农村地区生活水平。

参考文献

[1]Gay P G, Jan L F, Cornelia F, et al. Local self - development strategies: national survey results[J]. Community Development Society Journal, 1990, 21(2): 55 - 73.

[2]Jeff S S, Kerry A, Vern R, et al. Social infrastructure and community economics development strategies: the case of self - development and industrial recruitment in rural Iowa[J]. Journal of Rural Studies, 2002(18): 405 - 417.

[3]Maskell P. Low - tech competitive advantages and the role of proximity: the Danish wood furniture industry[J]. European Urban and Regional Studies, 1998, 5(2): 99 - 118.

[4]Pike A, Tomaney J, Pose A R. Local and regional development [M]. UK: Routledge, 2006.

[5]Saarivirta T. In search of self - renewal capacity: defining concept and its theoretical framework[R]. University of Tampere Research Unit for Urban and Regional Development Studie, 2007.

[6]Nelson R R. What enables rapid economic progress: what are the needed institutions? [J]. Research Policy, 2008, 37(1): 1 - 11.

[7]阿马蒂亚·森. 贫困与饥荒[M]. 王宇,王文玉,译. 北京:商务

印书馆,2001.

[8]阿马蒂亚·森. 以自由看待发展[M]. 任赜,于真,译. 北京:中国人民大学出版社,2002.

[9]安德烈·高兹. 资本主义,社会主义,生态[M]. 彭姝祎,译. 北京:商务印书馆,2017.

[10]奥菲. 福利国家的矛盾[M]. 长春:吉林人民出版社,2010.

[11]奥肯. 平等与效率[M]. 王奔洲,叶南奇,译. 北京:华夏出版社,1987.

[12]陈作成,龚新蜀. 西部地区自我发展能力的测度与实证分析[J]. 西北人口,2013,34(2):110－115.

[13]戴昭鑫,胡云锋,任博,等.1990—2013年丝绸之路东段城市群自我发展能力的时空格局和变化分析[J]. 干旱区地理,2016,39(4):909－917.

[14]丁妍. 基于要素流动的区域自我发展能力研究[D]. 南宁:广西大学,2015.

[15]樊怀玉. 合理的布局完善的功能——北京市商务中心区综合交通规划[J]. 北京规划建设,2002(6):29－33.

[16]冯希莹. 社会福利政策范式新走向:实施以资产为本的社会福利政策——对谢若登的《资产与穷人:一项新的美国福利政策》的解读[J]. 社会学研究,2009,24(2):216－227.

[17]弗洛姆. 马克思论人[M]. 陈世夫,张世广,译编. 西安:陕西人民出版社,1991.

[18]冈纳·缪尔达尔. 亚洲的戏剧[M]. 谭力文,等译. 北京:北京经济学院出版社,1992.

[19]高新才,王科. 主体功能区视野的贫困地区发展能力培育[J]. 改革,2008(5):144－149.

[20]关靖云,瓦哈甫·哈力克,赵恒山,等. 新疆各县市自我发展能力测算及时空演变分析[J]. 华中师范大学学报(自然科学版),2015,49(6):958 - 966.

[21]哈维. 资本社会的 17 个矛盾[M]. 北京:中信出版社. 2016.

[22]何永军. 断裂与延续——人民法院建设(1978 ~ 2005)[D]. 成都:四川大学, 2007.

[23]胡鞍钢. 从贫困大国到小康社会[J]. 人民论坛,2009(18):25 - 27.

[24]黄承伟,苏海,向德平. 沟通理性与贫困农村参与式扶贫的完善路径——基于武陵五县参与式扶贫的案例分析[J]. 中共福建省委党校学报,2015(3):29 - 37.

[25]霍华德, 金. 马克思主义经济学史[M]. 北京:中央编译出版社,2013.

[26]卡尔·洛维特. 从黑格尔到尼采[M]. 李秋零,译. 北京:三联书店,2006.

[27]康晓光. 关于 2000 年以后中国反贫困行动的政策建议[C]//中国科学院——清华大学国情研究中心. 国情报告(第一卷 1998 年). 北京:党建读物出版社,2012.

[28]康晓光. 90 年代我国的贫困与反贫困战略[J]. 中国国情国力,1995(7):10 - 13.

[29]柯卉兵. 新自由主义社会福利理念及政策实践评析[J]. 南都学坛,2006(3):24,28 - 32.

[30]莱斯. 满足的限度[M]. 北京:商务印书馆,2016.

[31]莱斯. 自然的控制[M]. 岳长龄,李建华,译. 重庆:重庆出版社,1993.

[32]冷志明,唐珊. 武陵山片区自我发展能力测算及时空演变分

析——基于2005、2008和2011年县级数据的实证[J]. 地理学报,2014,69(6):782 – 796.

[33]李晓红,郭蓉."区域自我发展能力"的经济学界定及经验含义[J]. 经济问题,2013(7):14 – 18.

[34]李豫新,张争妍. 西部民族地区自我发展能力测评及影响因素分析[J]. 广西民族研究,2013(3):161 – 169.

[35]马尔库赛. 单向度的人[M]. 张峰,译. 重庆:重庆出版社,1988.

[36]马克·布洛赫. 为历史学辩护[M]. 张和声,程郁,译. 北京:中国人民大学出版社,2006.

[37]马克思. 资本论[M]. 中共中央马克思恩格斯列宁斯大林著作编译局,译. 北京:人民出版社,2004.

[38]马克思,恩格斯. 马克思恩格斯全集[M]. 中共中央马克思恩格斯列宁斯大林著作编译局,编译. 北京:人民出版社,2003.

[39]马克思,恩格斯. 马克思恩格斯全集[M]. 中共中央马克思恩格斯列宁斯大林著作编译局,译. 北京:人民出版社,1972.

[40]马新文. 阿马蒂亚·森的权利贫困理论与方法述评[J]. 国外社会科学,2008(2):69 – 74.

[41]迈克尔·佩罗曼. 资本主义的诞生[M]. 裴达鹰,译. 桂林:广西师范大学出版社,2001.

[42]苗力田. 亚里士多德全集[M]. 北京:中国人民大学出版社,1994.

[43]乔纳森·弗里德曼. 文化认同与全球性过程[M]. 郭建如,译. 北京:商务印书馆,2003.

[44]让 – 保罗·萨特. 辩证理性批判[M]. 林骧华,等译. 合肥:安徽文艺出版社,1998.

[45]阮凤英. 扩大规模健全机制狠抓规范山东省政府采购工作稳步前进[J]. 中国政府采购,2004(9):5-6.

[46]萨伊. 政治经济学概论[M]. 北京:商务印书馆,1963.

[47]色诺芬. 经济论[M]. 北京:商务印书馆,1961.

[48]孙根紧. 金融集聚对产业结构升级的影响研究[J]. 社会科学家,2015(8):59-63.

[49]田官平,张登巧. 增强民族地区自我发展能力的探讨——兼对湘鄂渝黔边民族地区发展的思考[J]. 吉首大学学报(社会科学版),2001(2):7-11,15.

[50]托马斯·罗伯特·马尔萨斯. 人口原理[M]. 朱泱,胡企林,朱和中,译. 北京:商务印书馆,2018.

[51]王关义.《资本论》中货币本质论[J]. 兰州学刊,1998(6):35-36.

[52]王蕾,汪海霞. 基于熵值法的新疆民族地区自我发展能力研究[J]. 新疆大学学报(哲学社会科学版),2014,42(2):7-12.

[53]王荣党. 贫困线经典定义的百年演变:特质与内核[J]. 贵州社会科学,2017(1):136-143.

[54]王永莉,梁城城. 区域自我发展能力对经济增长的影响——基于西部民族8省的实证研究[J]. 西北民族大学学报(哲学社会科学版),2015(4):124-131.

[55]王雨林. 转型期中国农村贫困问题研究[D]. 杭州:浙江大学,2008.

[56]吴国宝. 如何有效防范化解规模性返贫风险[J]. 中国党政干部论坛,2021(6):60-64.

[57]徐君. 西部城市社区民族工作实践研究——以成都为分析对象[J]. 西部发展研究,2013(1):76-86.

[58]徐孝勇,寸家菊. 中国农村贫困地区自我发展能力概念模型与形成机理分析[J]. 重庆师范大学学报(哲学社会科学版),2016(5):68-75.

[59]亚当·斯密. 国富论[M]. 唐日松,等译. 北京:华夏出版社,2005.

[60]亚当·斯密. 国民财富的性质和原因的研究[M]. 郭大力,王亚南,译. 北京:商务印书馆,1972.

[61]鱼小强. 对增强西部地区自我发展能力的思考[J]. 商洛师范专科学校学报,2002,16(3):11-14.

[62]约翰·肯尼思·加尔布雷思. 富裕社会[M]. 赵勇,周定瑛,舒小昀,译. 苏州:江苏人民出版社,2009.

[63]约翰·穆勒. 功利主义[M]. 北京:商务印书馆,2019.

[64]郑长德. 中国民族地区自我发展能力构建研究[J]. 民族研究,2011(4):15-24,107.

[65]周露平. 马克思对黑格尔贫困理论的批判性超越[J]. 中国地质大学学报(社会科学版),2020,20(4):11.

[66]周忠瑜. 民族区域自治与联邦制的比较研究[J]. 中共党史研究,2001(4):62-66.

致 谢

本书得到西南民族大学科研专项资助，此外，西南民族大学财务处付雪莲老师，我的学生陆九天、孙瑜苒、曾志庆、高娟和何子凡都有参与调研写作等工作，在此一并致谢。

陈灿平

2024 年 3 月 1 日